# パギやんの大阪案内

## ぐるっと一周「環状線」の旅

大阪駅　天満駅　桜ノ宮駅　京橋駅　大阪城公園駅　森ノ宮駅　玉造駅　鶴橋駅　桃谷駅　寺田町駅　天王寺駅　新今宮駅　今宮駅　芦原橋駅　大正駅　弁天町駅　西九条駅　野田駅　福島駅

写真・文　趙《Cho》博《Paggie》

高文研

戦後の闇市跡の雰囲気が残る鶴橋市場（鶴橋駅）

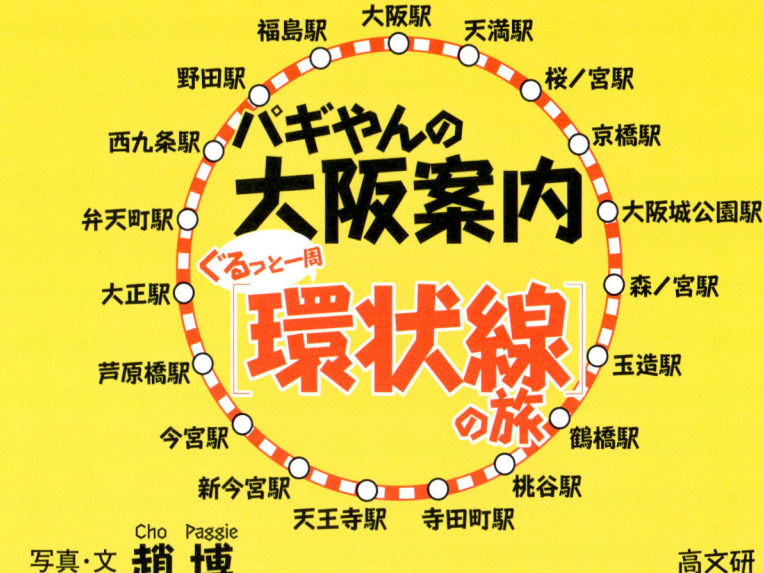

▶「天保山渡船場」水路でUSJへ

▲「路地裏」を消して聳える超高層マンション（北区樋之口町）

▶日清戦争の「軍役夫」の墓も七五〇基あまり、兵隊は死んでも二列縦隊（真田山陸軍墓地）

▲「阪神タイガース優勝祈念」
専用神社（大江神社）

▼元・第四師団司令部。大空襲で壊滅した
大阪にこんな戦前の建物が残っている。
「前・大阪市立博物館」（大阪城公園）

▼2010 年 1 月「三角公園」越冬闘争で歌う筆者［撮影：路上的旅人］

〈上〉旧・猪飼野「現・コリアタウン」
〈中〉「ホルモン文化」は大阪の誇り（大正区平尾３）
〈下〉これぞナニワ流「ゴチャゴチャ・ごった煮」（天満駅・北）

大阪にはコリアンと並んでウチナーンチュ（沖縄人）も多い。

# 旅のはじめに

マイド（毎度）おおきに……あっ、初めましての方もいらっしゃいますね。不肖私メ「浪花の歌う巨人・パギやん」こと、趙《ちょう》博《ぱく》と申します。本書を手にとっていただいて、感謝・深謝・多謝！　さぁ、これから僕と一緒に楽しい旅に出ましょう。

――といっても、楽しいかどうかは、出てみてからのお楽しみ……けど、この本は、そんじょそこらに転がってる「並の」ガイド・ブックと、訳がちゃいまっせ。喜・怒・哀・楽、それに「歴史と現在」が渾然一体となった「パギやん流ナニワ探訪記」なんです。ですから、時には吃驚《びっくり》するような事実、中には悲しい話、はたまた、意外な発見やら、アホらしいオチなんかも、仰山《ぎょうさん》出てきますから、ホンマに面白《おもろ》い……って、やっぱり「楽しい旅」です、請け負います！

★

旅の前に自己紹介させてください。僕は、日本生まれの大阪育ち、日本語のネイティヴ・スピーカーですが、国籍は韓国、俗に言う「在日韓国人二世」で、一九五六（昭和31）年生まれのオッサン（男性……あたり前でんな）であります。

初対面の方に、よく言われるんですが――

「趙さん、日本語お上手ですね」

「あたりまえやん、大阪生まれですがな」

「ほな、日本人ですか？」

「ちゃう、ちゃう」

かと思えば、たまには、こんなやり取りも――

「日本に来られてどのくらいですか？」

「そうでんなぁ、曾祖父《ひいじいさん》の代からやから、かれこれ九〇年ぐらいですか」

この洒落がわかってこそ、大阪人でおます。非大阪人の方々も、わかってくれはりますか？

★

誰が何と言おうと、僕の故郷は大阪です。生まれたところは西成《にしなり》区鶴見橋……あっ、ちなみに「鶴見橋」を「つるみばし」と発音する地元民はおりまへん。鶴見橋は「つるんばし」、しかも「つるん」の方に高アクセントがあり、「ばし」で下がります。ま、そんなことはどうでもエエんですが、兎にも角にも、僕には「自分は大阪人（Osakan Native）だ」という自覚と誇りがあります。憚《はばか》りながら、そんな僕がみなさんに、僕の目から視た僕の故郷をこれからご紹介する、というわけです。

さて、大阪という町は、その時々の歴史的・社会的背景の中で、いろんな地域・地方からさまざまな人々が集まってきて、今の姿になりました。もちろん、そのようなことは特に大阪だけに限られたことではありません。しかし「大阪らしさ」とは、その「ゴチャゴチャ感」と「ごった煮の面白さ」だと、僕は思うんです。それが無くなれば、この町は、もう大阪ではありません。実は、この本を書こうと思い立ったのは、その「大阪らしさ」がだんだん薄れて、「ゴチャゴチャ・ごった煮」がどんどん消えかかっているのでは……という危機感からでした。僕は、故郷・大阪を、こんなふうに歌ってます。

## 橋（詩・曲　趙　博）

水の都を　川面に映す　光きらめく　ビジネスパーク
誰が決めたか　再開発は　銭とイラチの　浪速のド根性
鉄さえ喰らうプルガサリ　泣く子もだまる　アパッチ部落
昔の面影は　いつの間にかに　消え去った
大阪環状線「京橋」駅下車　歩いて一〇分の帰り道を
ちどりちどりの　足どりで

焼け跡・闇市が　今にも残る　ガード下の屋台も　消えて
韓国料理は高級グルメ　笑い豚さえ　フゴフゴほくそ笑む
商売上手は　お手のもの　誰が言ったか　コリアタウン
平野運河のどす黒さ　手垢《てあか》にまみれた「在日」ばかり

大阪環状線「鶴橋」駅下車　歩いて一〇分の帰り道を
ちどりちどりの　足どりで

膠《にかわ》の臭いが　ほんのり残る　木津《きづ》の河原で　ソーキソバとキムチを頬張る
獣の皮を剥《は》ぐ代償に　人間の皮まで　剥がされた
人はスラムと言うけれど　ここは天国・釜ケ崎
故郷はここなんだと　胸を張って　歌い継ぎたい
大阪環状線「芦原橋」駅下車　歩いて一〇分の帰り道を
ちどりちどりの　足どりで

★

梅田、難波《なんば》、天王寺といった市内の中心部・繁華街には、軒並み再開発の波が押し寄せて、風景は一変しました。また、弁天町、福島、中之島、玉造《たまつくり》、京橋など、それぞれが特色を持っていた地域も「他所《ほか》と代わり映えしない」佇《たたず》まいに変わりつつあります。バブル経済（一九八〇～九〇年代）が崩壊した後は少し緩《ゆる》みましたが、今また、市内のあちこちに何十階建ての超高層マンションや、人を圧倒してなおも威勢を誇るかのような「〇〇タワー」などが、ニョキニョキと姿を現しています。今の御時世、何千万円もする「空中御殿」に誰が住まいなさるのかよくは存じ上げませんが、「完売御礼」の札をこれ見よがしに垂らして建設している所も少なくありません。

「銭とイラチ」は大阪庶民のド根性を表す言葉でしたが、今時《いまどき》はそうではなく、どうやら「格差社会の勝ち組」の嗤《わら》いを誘う言葉になってしもたようです。えっ？　イラチて何やて？　ま、「短気、せっかち」「落ち着きがない」ちゅうことですわ。それだけやのうて、「やることが素早い」という良い意味でも、たまに使いますけどね。

★

そんな故郷・大阪ですが、この町の、何十年と変わらない町並みや歴史を物語る場所を歩くと、やっぱり心が和《なご》みます。そして、寂《さび》れたところがあるとはいえ、昔ながらの商店街がまだまだ元気で、人間臭さが残ってます。日本一長い「天神橋筋商店街」や、僕が生まれ育った西成区「鶴見橋商店街」、大正区「平尾商店街」、生野《いくの》区「桃谷《ももだに》商店街」、玉造「日之出商店街」等々、この本に登場する商店街の周囲には、いまも「路地と長屋」があります。

あっ、大阪弁で「路地」は「ろーじ」、第二アクセントを強く発音します。「ろーじ」は、昔、子どもの天国でした。ビー玉（発音は「びーだん」）、べったん（標準語「めんこ」）、バイ（鉄製の小さな独楽）、ゴム跳び、ままごと等々、遊びには事欠かず、車も入ってきません。

夕飯時、内職が忙しくて母親がご飯を作れないと「和《かず》ちゃんとこで、ご飯食べておいで」と言われ、食べに行きます。もちろん和ちゃんも時々、我が家へ来て一緒に食事をするのです。長屋は「貧乏人の共同体」でした。そんな「路地と長屋」が今も息づいているのを見ると、とても幸せな気分に浸れます。「路地と長屋」の生活と文化は、もう一つの「大阪らしさ」やと、僕は確信してます。

★

「ろーじ」だけではなく「ひろっぱ（標準語「原っぱ」）」や川辺でも、よう遊びましたなぁ。秘密基地を造ったり、空き瓶・くず鉄などの収集場所をこしらえたり、内緒で犬や猫を飼ったり——そんな「余裕と隙間」がこの大阪から消えて、久しいです。人々は「今を生きるのに精一杯で、過去を振り返ったり、未来のことなど考える暇などない」と言いたげに、足早に通り過ぎていきます。でも、ちょっと歩みを止めて、「今」から「昔」に思いを馳せ、「これから」を感じてみたい。そこで、心象地図を拡げてみたい。そんな思いで、この本を書きました。

誰でもが訪れる有名スポットに行って「私も行った！」という〝横並び〟を喜ぶのが「観光」の楽しさだとすれば、「旅」が僕たちに与えてくれる恩恵は「心に流れる時間」だと思います。ある場所を訪れて、その記憶と記録を再確認するのも「旅」の醍醐味でしょう。だから、日常の中にも「旅」は在《あ》り、通勤・通学路やそぞろ歩きでさえ「旅」になり得る……そんな思いで、この本を書きました。

★

ご紹介したい場所が多すぎて、さて、どうしたものかと考えましたが、大阪には『環状線』という便利な鉄道がありまんねん。その『環状線』の各駅で降りて「旅」することにして、それを章立てとしました。ただし、当該駅が必ずしも最寄り駅とは限りません。その辺の事情は本文中で丁寧に解説したつもりですので、ご了承ください。また、本文中の地図をご参照ください。

前置きが長くなりました。さぁ、そろそろ出発しまひょか！

著　者

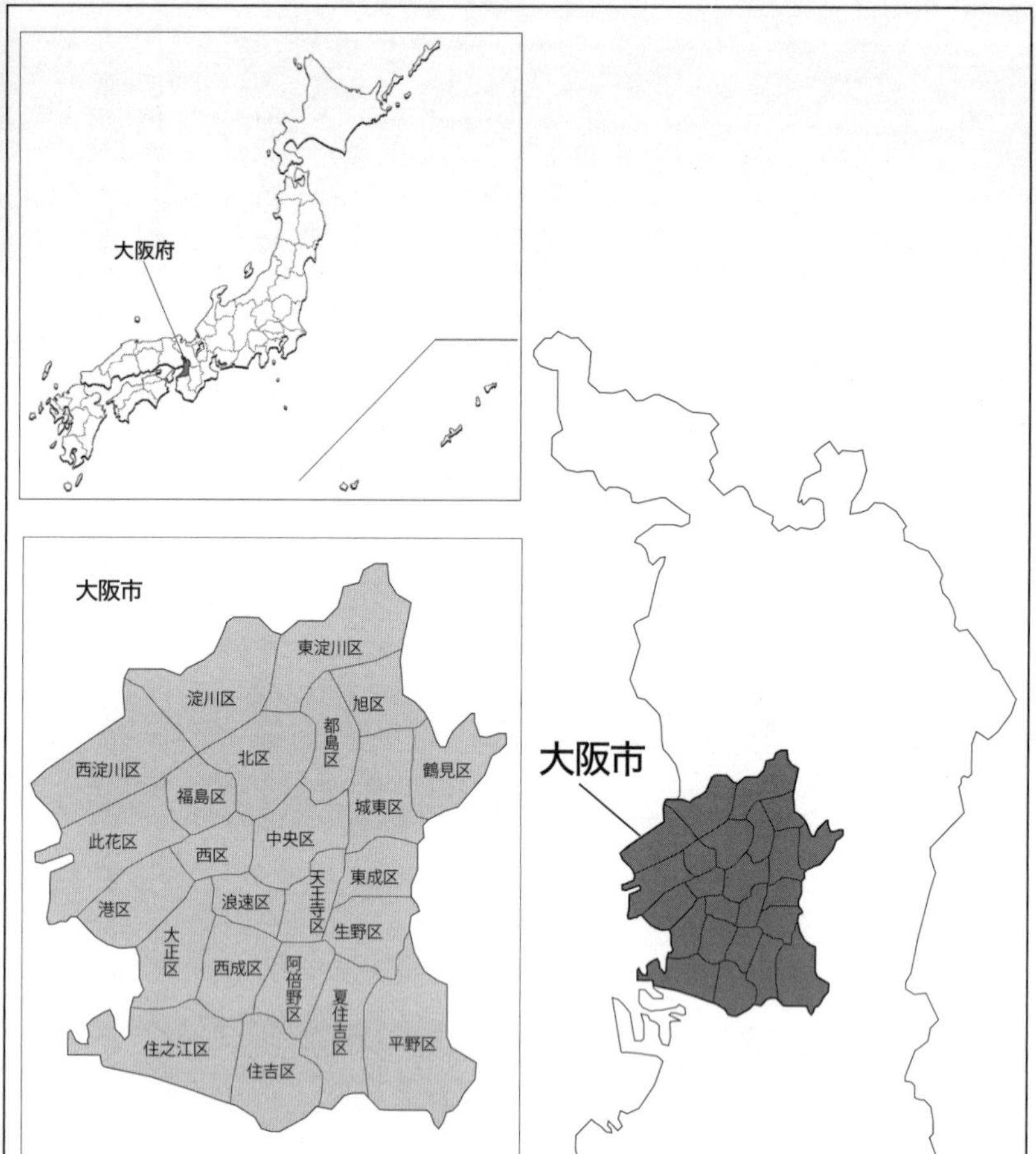
大阪府
大阪市
東淀川区
淀川区
旭区
都島区
西淀川区
北区
鶴見区
福島区
城東区
此花区
西区
中央区
天王寺区
東成区
港区
浪速区
大正区
生野区
西成区
阿倍野区
夏住吉区
住之江区
住吉区
平野区
大阪市

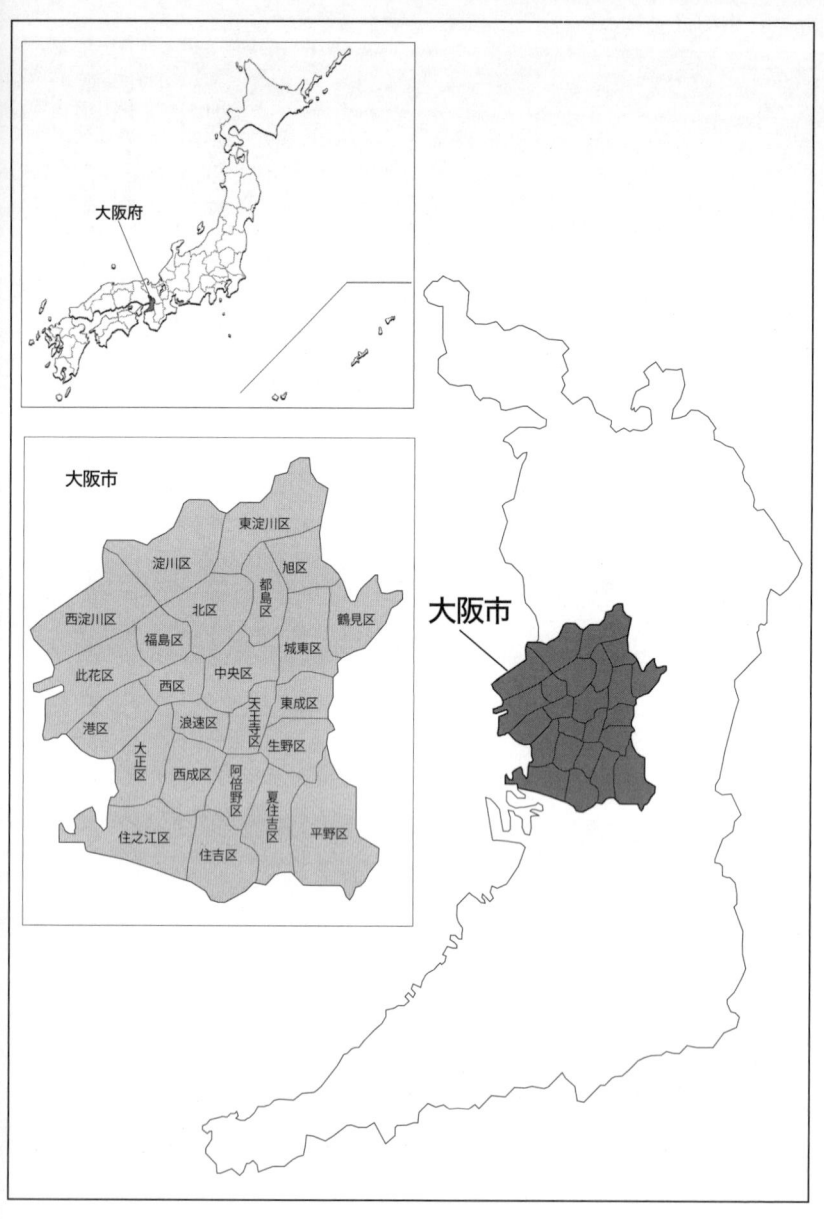

# 大阪市内主要鉄道路線図

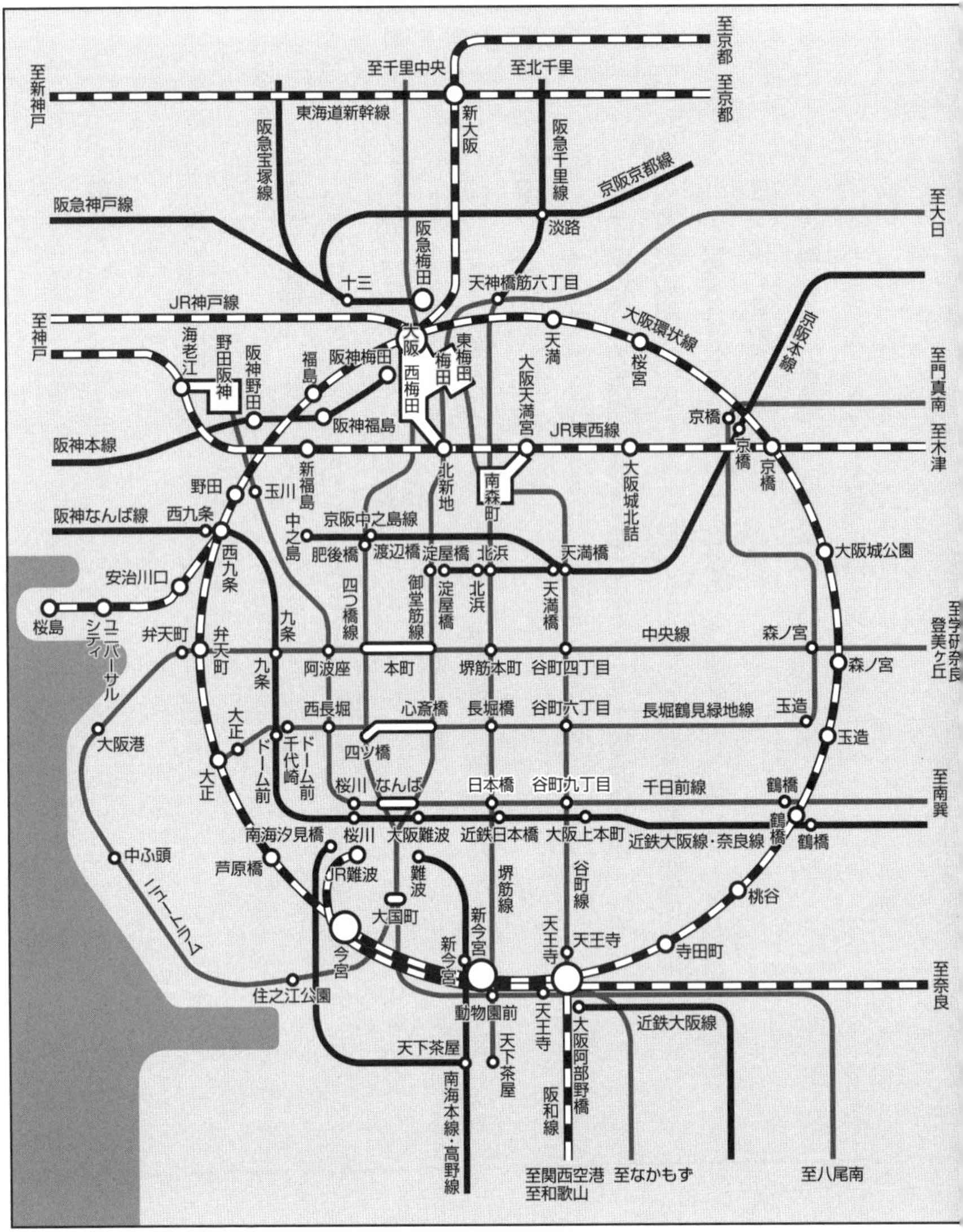

■もくじ

旅のはじめに　1

1 大阪駅

✻OSAKA STATION CITY とにかく〝デカすぎ〟　17
✻大失敗作…「大阪駅前ビル」群　19
✻心和むレトロ通り「元・済美《せいび》小学校」界隈　21
【本当は 教えたくない このお店】季節料理『川上』　24

2 天満駅

✻「元・監獄」の近くには、日本一の商店街！　27
✻大阪福祉の原点「北市民館」跡と「ガス爆発慰霊碑」　30
✻「天満組」の賑わいと「三十石船《さんじゅっこく》」（八軒家船着場の跡）　33
【本当は 教えたくない このお店】ブック・カフェ『ワイルド・バンチ』　37

3 桜ノ宮駅

✻「龍王宮《ヨンワングン》」跡地と大阪拘置所　39
✻「トヨクニハウス」と戦災樟《くす》　43

✺蕪村公園と毛馬水門　45
【本当は　教えたくない　このお店】　中華そば『光龍益《こうりゅうます》』　48

## 4　京橋駅

✺大阪大空襲京橋駅爆撃被災者慰霊碑　50
✺江戸時代から続く「蒲生墓地」　52
✺大阪ビジネスパーク（ＯＢＰ）でボロ儲け…　55
【本当は　教えたくない　このお店】　串カツ酒房『まつい』　58

## 5　大阪城公園駅

✺ひっそり佇む「大阪社会運動顕彰塔」　60
✺大阪城公園は戦跡　62
✺今もここに「教育勅語」が…なんで？　66
【本当は　教えたくない　このお店】　喫茶軽食『鐘』　69

## 6　森ノ宮駅

✺「ピースおおさか」を応援してください！　71
✺「教育塔」立派すぎます。　74
✺大村益次郎の碑と「またも負けたか、八連隊」　76
【本当は　教えたくない　このお店】立ち呑み『オカムロ』（岡室商店）　79

## 7 玉造駅
✺島根県やおまへん、玉造温泉と「笑魂碑」 81
✺無数の墓標が林立する「真田山陸軍墓地」 83
✺往時ヲ語ルモノ無シ…日之出通商店街界隈 87
【本当は 教えたくない このお店】 洋食『三養軒』 90

## 8 鶴橋駅
✺人気急上昇の鶴橋市場、鮮魚列車に乗りなはれ 93
✺コリアタウンへ続く「比売許曽《ひめこそ》神社」 96
✺「いくたまさん」のお隣に「軍事地下壕」 98
【本当は 教えたくない このお店】 お好み焼き『末廣』 101

## 9 桃谷駅
✺坂道の 商店街を下りなば 猪甘津の橋「つるのはし跡」 103
✺古くて新しい観光名所、コリアタウン（御幸森商店街） 105
✺「大阪管区気象台」と「陸軍高射砲台」跡 109
【本当は 教えたくない このお店】 ホルモン焼き『金屋』 112

## 10 寺田町駅
✺消えた川と橋を偲んで「源ヶ橋温泉」で一っ風呂 115

✹めがねの故郷「田島神社」と「舎利寺」の縁起　118
✹「奥村橋石碑」と「桑津環濠集落」跡　122
【本当は　教えたくない　このお店】　甘党の店『ニューハマヤ』　125

11　天王寺駅

✹天王寺公園、なんで有料やねん！　126
✹なんと綺麗な地名「夕陽丘」とスラムの原型「長町」　129
✹阪堺電車で住吉参り　133
【本当は　教えたくない　このお店】　洋酒とピザ『ピー☆コート』　136

12　新今宮駅

✹「ジャンジャン町と新世界」串カツごときで並ばんとって！　139
✹消えた地名「釜ケ崎」が生きてる「三角公園」　143
✹歴史を物語る「地蔵」「稲荷」「遊郭」　146
【本当は　教えたくない　このお店】　ホルモンうどん『権兵衛』　149

13　今宮駅

✹「リバティおおさか（大阪人権歴史博物館）」に行ってみてみ　151
✹「木津の勘助」を知らん?!　バチ当たるで　154
✹潰れんとってや「鶴見橋《つるんばし》商店街」　158

【本当は 教えたくない このお店】 無農薬カフェ『キジムナー』 161

14 芦原橋駅

❋「♪浪速は 太鼓の 町故に～」打～ちましょ、も一つセッ 162
❋ミナミの喧噪に耐えて…「難波御蔵・難波新川（極貧堀）」跡 165
❋船に乗って通勤・通学「落合上渡船場」 168
【本当は 教えたくない このお店】 名物・そば飯『大西お好み焼き店』 171

15 大正駅

❋先人の智恵と教え「大地震両川口津浪記」 174
❋「昭和山」から女工哀史が見える…か？ 近代紡績工業発祥の地 178
❋リトル沖縄「平尾商店街」と「木津川飛行場跡」 181
【本当は 教えたくない このお店】 沖縄酒家『ゆんた』 184

16 弁天町駅

❋子どもらの夢そそる「交通科学博物館」 186
❋「さくら通り」を抜けたら、地蔵さんが威張ってた 189
❋天保山はフェイクの見本 191
【本当は 教えたくない このお店】 コーヒー専門店『イナズマ珈琲』 195

17 西九条駅

✹「トンネル横町」くぐれば安治川トンネル（隧道） 197
✹「西」が大阪の中心やったんや！ 201
✹平和・友好・慈悲の寺「竹林寺」 203
【本当は 教えたくない このお店】 居酒屋グルメ『せぞん』 207

18 野田駅
✹橋・橋・橋…ぐるっと廻って「野田藤」の里 210
✹政商・三菱の守り神「土佐稲荷神社」 214
✹大阪にもある「東照宮」 218
【本当は 教えたくない このお店】 串揚げ『あたりや』 220

19 福島駅
✹人工やけど自然が生まれてる…「新・里山」 222
✹「福島駅」が三つもある…諭吉、米騒動や〜！ 225
✹魚市場が飛行場に…今は綺麗な「靱公園」 228
【本当は 教えたくない このお店】 ケーキ&パブ『ワイン立飲み処』 231

旅のおわりに 233
◎参考文献&ウェブ・サイト 237

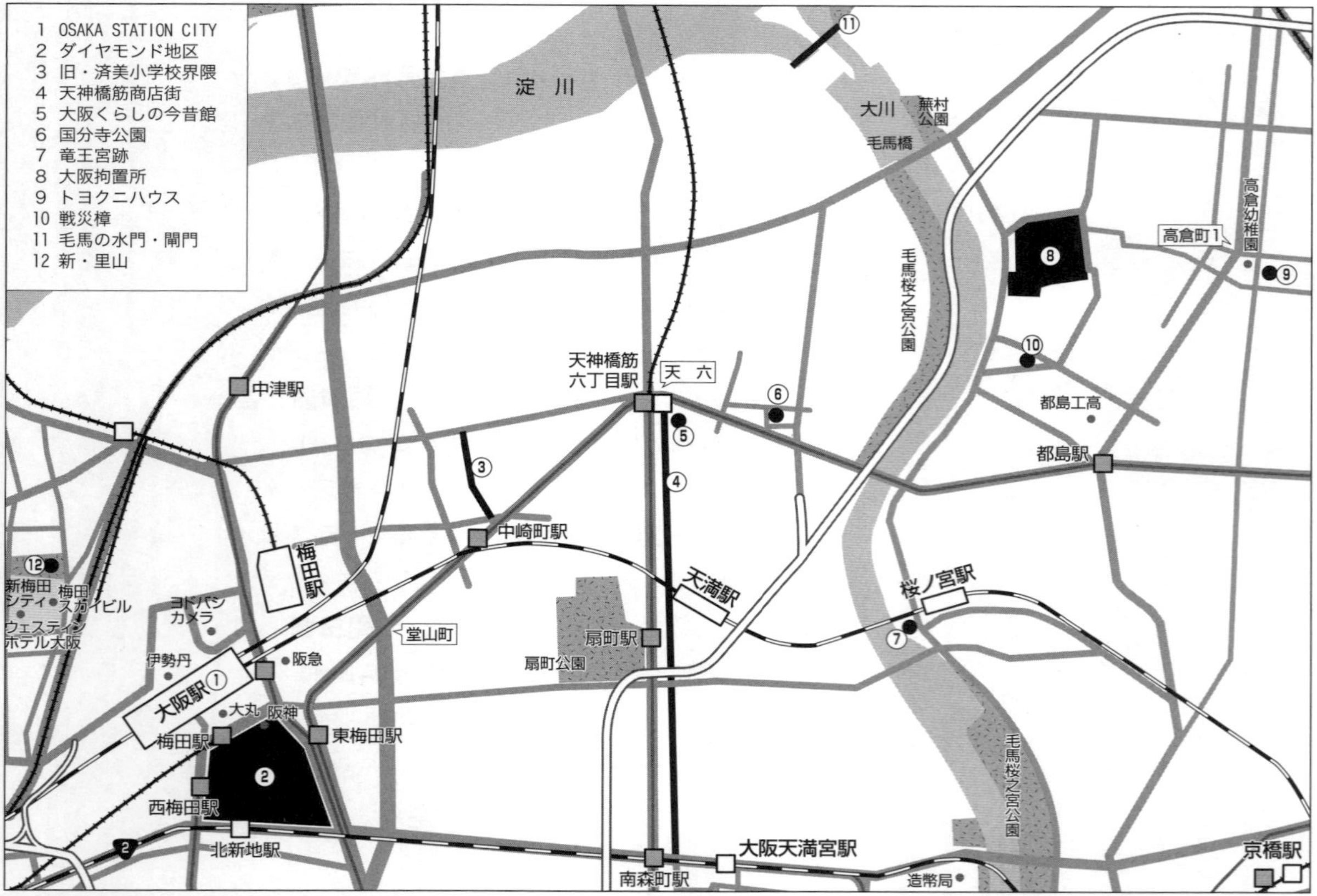

1 OSAKA STATION CITY
2 ダイヤモンド地区
3 旧・済美小学校界隈
4 天神橋筋商店街
5 大阪くらしの今昔館
6 国分寺公園
7 竜王宮跡
8 大阪拘置所
9 トヨクニハウス
10 戦災樟
11 毛馬の水門・閘門
12 新・里山
淀 川
大川
蕪村公園
毛馬橋
毛馬桜之宮公園
高倉幼稚園
高倉町1
中津駅
天神橋筋六丁目駅
天 六
都島工高
都島駅
梅田駅
中崎町駅
天満駅
桜ノ宮駅
新梅田シティ
梅田スカイビル
ウェスティンホテル大阪
ヨドバシカメラ
堂山町
扇町駅
扇町公園
伊勢丹
阪急
大阪駅①
大丸
阪神
梅田駅
東梅田駅
西梅田駅
北新地駅
南森町駅
大阪天満宮駅
造幣局
京橋駅

大阪駅にかぶさる「大屋根」

# 1 大阪駅

## ●OSAKA STATION CITY とにかく〝デカすぎ〟

大阪環状線は二〇一一年「開通五〇周年」を迎えました。大阪～安治川間の「西成鉄道」が国有化されて「西成線」（一九〇六年）になり、また、天王寺～玉造～大阪を繋いでた「大阪鉄道」が国有化されて「城東線」（一九〇七年）になりました。実は、今のように「環状」になったのは一九六一（昭和35）年で、二〇一一年が五〇周年、というわけです。その記念に合わせたんでしょうな、もともとあった駅舎の上に、またドでかい屋根をこしらえて、北側の再開発商業地域に直結するようにしたのが『OSAKA STATION

CITY』です。とにかく、圧倒されますわ。

大阪駅がOSAKA STATION CITYになって、南には大丸、北には伊勢丹がドッカと構えてます。地下にも専門店がずらりと並んで、地上・地下・空中と、店・店・店の大洪水。商魂たくましいのはよろしいけど、人間が憩う場所がおまへんねん。おまけに、CITYの屋根が高すぎて、吹雪《ふぶき》の日には雪が、横殴りの豪雨の日には雨が、プラットホームに入り込む。電車を待ちながら、傘ささなあかん。何のための大屋根やねん！　なんとか、してェな……。

ところで、OSAKA STATION CITYにしたホンマの理由は、別にありまんねんで。大阪駅南側の整備はほぼ終わってたんですけど、北側の再整備にドえらい長い時間がかかってしもた。というのも、北側には国鉄時代の、元・大阪鉄道局（大鉄局）の広い跡地とコンテナ跡地がありました。一時は「ドーム型ゴルフ場」にもなりましたけど、これも撤退してなかなか買い手がつかず、再開発が遅々として進まんかった。そこに救世主が表れた。進出してきたのは『ヨドバシ・カメラ』！　……ちょっと待って。伊勢丹にヨドバシやて？　東京資本やんけ〜。くっそー、東京モンの手を借りなんだら、大阪の玄関・大阪駅の再開発はでけんかったか……。というわけで、ともかくも南・北両側の再開発が整いまして、晴れて駅舎本体の改造ができるようになった、とまぁ、こういうわけです。ＪＲと、その東隣の『阪急』は陸橋と地下街で繋がってましてな、移動に便利なようですけど、昔よりかえってややこしくなりましたんで、せいぜいご用心を。

それはさておき、札幌、東京、名古屋、京都、大阪、岡山、広島、福岡……、ＪＲの主要駅はみな〝没個性化〟しましたなぁ。立派やけどオモロない、綺麗《きれい》やけど優しくない。新しくなった駅舎（なんていうたら叱られますか。なんせ「CITY」だもんネ）は、われわれ利用客に、いったい何をアピールしてまんねやろな。みなさん、じっくり眺めてみまひょか。

## ●大失敗作…「大阪駅前ビル」群

大阪駅の中央改札を出て、大通りを南へ渡ると、「阪神百貨店」の裏側に「大阪駅前ビル（第一～四）」「大阪マルビル」「イーマ」「新阪急ビル」「ヒルトン大阪」等々、高層ビルが建ち並んでます。ここは昔『ダイヤモンド地区』と呼ばれ、かつ恐れられた『焼け跡・闇市』の跡やと知る人は、今はもう少ないでしょうね。住人を追い出し、建物を壊し、**ダイヤモンド地区**は、何十年もの歳月をかけて再開発されました。その後に「JR東西線」が開通（一九九七年）すると、電通のデザインで**ディアモール大阪**（地下街）が造られて、この界隈のビルはすべて地下で繋《つな》がりました。地上だけでなく地下までもが再開発されて「闇市」の痕跡など、今や一かけらも残ってまへん。

ところが、再開発が順調だったわけではなく、一九八四（昭和59）年、大阪駅前ビルの店主らが大阪市に営業不振を訴えて街頭デモした話は、今も語り草になってます。大阪駅前第二ビルの約三〇〇店のうち、四分の一は閉店か売れ残り、残り部分の八〇パーセントは軒なみ赤字の状態でした。四つの**大阪駅前ビル**の営業不振は今も解決してまへんで。再開発した結果の〝シャッター街〟をまじまじと見物するのも、大阪見物の一興やと思います。

ところで、話はいきなり変わりますが、大阪にも「警視総監」がおったん、ご存じですか？敗戦後の民主化で「自治体警察」が発足して**大阪市警察局**（**大阪市警**）ができました。「ロサンジェルス市警」は知ってるけど「大阪市警」は知らんでしょ。その大阪市警が「大阪市警視庁」になった時の**初代大阪警視総監**が、〝鬼総監〟の異名をとった鈴木英二です。「この界隈には公道も、公有地も、私有地もそんな区別はあったものではない。ヤミ屋はそんなことをまるで頓着していないのだ。（中略）おそらく千軒をはるかに超すだろう。（中略）ヤミ市の実態は、もはや捨て置き難き治安上のガンだ」（鈴木英二『総監落第記』）と書いてます。ちなみに戦後、ＧＨＱの指令で『朝鮮人自主学校』閉鎖を現場で指揮したのも、この〝鬼総監〟です。

「闇市」は、戦争と空襲によってつくり出された生活空間でした。第二次世界大戦末期、大阪は五〇回の空襲に見舞われて、市街地の三割が消失。敗戦後の食糧難を背景に、市内いたるところに**闇市**が生まれました。庶民はその経済によって互いに支え合い、懸命に生き延びたんです。闇市が形成されると、戦争被災者や復員兵士、海外からの引き揚げ者、植民地支配から解放された台湾人や朝鮮人等々、貧しさを背負った人々のエネルギーがそこに満ち溢れました。一方、闇市は「ボス支配」や「やくざの縄張り」対象にもなりましたから、それを口実に一九四六（昭和21）年に閉鎖を命じられたんです。この時、大阪府下の闇市は、実に九二ヵ所もおましたんや（大阪・焼跡闇市を記録する会『大阪・焼跡闇市』）。

闇市を死守しようとする側と、取り締まって閉鎖しようとする行政・警察側が激突する。そんな中で、朝鮮人や中国人に対する新たな差別が生まれました。「第三国人」てな差別語がでけたんもこの時期で、石原慎太郎東京都知事は大阪の闇市なんか見たこともないくせに「差別語」だけは巧みに使いはりまんなぁ。一方、民族をこえた庶民同士の友情が生まれたんも「闇市」でした。その昔、勝新太郎と田宮二郎が主演した映画『新・悪名』はその悲喜交々《ひきこもごも》を描いていて、当時の庶民の暮らしぶりを知ることができます。

さて、大阪駅周辺の地下街といえば、新聞売りの屋台、靴磨き、回数券売りのおばちゃん、立ち呑み屋などが名物で、これらはみな「闇市」の名残でした。いま、その雰囲気を残しているのは、地下鉄・御堂筋《みどうすじ》線「梅田駅」からＪＲ大阪駅へ上がる階段の左側にある串カツの**松葉**と、阪神電車の改札と大阪駅桜橋口地下入り口の間にある**ぶらり横丁**、そして、阪急百貨店と阪急「梅田」駅の間に位置する**新梅田食堂街**ぐらいですなぁ。『焼け跡・闇市』跡のおいしい酒と安くて美味いアテ（肴）が、今日もあなたを待ってます。

### ●心和むレトロ通り「元・済美《せいび》小学校」界隈

一九三〇（昭和5）年に建てられた『済美小学校』は、地下鉄・谷町線「中崎町」駅のすぐ北側に位置していて、二〇〇四（平成16）年、扇町小学校に統合されて閉校しましたが、地元のみなさんが各種イベントなどに使う施設として活用され、建物は解体されずに残りました。「済美」

旧「済美小学校」の跡地

は、普通「さいび」と読みます。愛媛県松山市や岐阜県中津川市、東京都杉並区、奈良、横浜など、全国各地に「済美」の地名や学校名がありますが、ここはなぜか「せいび」なんです。

「済美」は明治以降の用語で、その語源は『教育勅語』の「我カ臣民克ク忠ニ克ク孝ニ億兆心ヲ一ニシテ世世厥（ソ）ノ美ヲ濟（ナ）セルハ……」の「濟美」に由来します。「臣民が忠孝に励み、全員が心を一つにして、ずっとその美徳を実践することは……」という意味で、教育を通じて立派な人づくりをするという庶民の願いが「済美」に籠もっているといえるでしょう。その点からすると、人々を戦争に駆り立てた『教育勅語』こそが、とても非教育的、逆効果やったんですけどな……。

戦前の**済美小学校**、正確には「済美第四小学校」の「夜間特別学級第二部」には、当時の朝鮮半島からこの地に移り住んだ家族の子どもたちが多数在籍していて、その教育記録も残されてます（朝鮮総督府『阪神・京浜地方の朝鮮人労働者』）。読み書き・計算だけでやのうて「朝鮮語」の授業もあったんで、他地区からも多くの生徒が通いました。今でいう「多文化共生教育」の先駆けですな。昼間は働き、疲れた体に鞭打ちながら夜間に学んだ生徒たちの様子が校舎の温和な佇《たたず》まいに重なって、往時を偲《しの》ぶことができます。

この元・済美小学校がある通りとその周辺には、古い民家や長屋が密集して並んでまして、大阪駅から歩いて数分のところに、こんなにも質素で素敵な路地が残っているのは奇跡ですわ。この界隈は環状線の北と東海道本線の東に位置してますから、気をつけてたら車窓から一瞬、見渡せまっせ。このごろは、民家をそのまま利用したカフェや雑貨店、ブティックなんかも増えて、若者客で賑《にぎ》わってます。昔ながらの立ち呑み屋や商店と新しい店が渾然一体となって、心和む〝レトロな街〟に生まれ変わったんです。お洒落なフレンチの店とかチェ・ゲバラの顔を壁面に描いた「キューバ・カフェ」など、国際色も豊か。狭い路地裏を利用したオープンカフェは、誰にも邪魔されない小宇宙です。その中でも、特筆すべき**天劇キネマトロン**［北区中崎西1―1―18］は自主映画専門のミニ・シアターで「この街から映画スターや世界に通用する監督を育てていこう」と大胆不敵、とっても素敵！

で、僕のお勧め・イチオシは、露天風呂や薬草風呂を完備した**葉村温泉**［北区中崎西1―7―18］ですね。ここは軟水で有名で、一風呂浴びると肌がつるつるになります。サウナ、ジェット・バスもあって、入浴した後は広い脱衣場で十二分にくつろげる。その裏側にある**済美公園**

レトロ通り「キューバ料理店」

にも行ってみてください。民家に囲まれてわかりにくいんですが、僕は、この公園の有り様が、まさに大阪的やと思てまんねん。つまり、もともと公園があって、その周囲に民家が迫ってきたもんやから、公園が生活空間の中に〝内在化〟してしもたんですなぁ。「わかりにくい・入りにくい」小公園、大阪にはいっぱいあります、はい。

大阪駅周辺の喧噪《けんそう》を逃れて、ゆっくり流れる時間の中を、の〜んびり歩いてみまひょ。

本当は 教えたくない このお店

## 季節料理『川上』

大阪駅**御堂筋口**から横断歩道を渡り、阪急の建物を突っ切って『ナビオ阪急』まで出ます。その横の細い道をさらに東に歩くと**堂山**の交差点に出ますから、高速道路下を渡ってください。『ホテル・イルモンテ』を目印に、「パークアベニュー堂山」通りに入って二つ目の角を右に折れると『川上』があります。周りの喧噪や嬌声が嘘のように静まっていることに気付きます。

ここは一九七三年、女将・川上弘子さんが手伝いのミコちゃんの応援を得て開店しました。学生時代に大先輩であるKさんに連れられてこの店に来たのがきっかけで、僕と『川上』とは、もう三五年以上の付き合いになります。川上ママは名張出身で、『神国日本は負けました／名張国民学校五年は組 作文集』（日経大阪PR企画出版部）などの書籍や機関誌『どんぶらこ』も発行していた知識人でもありましたが、「開店三五周年」の祝賀会を果たした翌年二〇〇九年に、他界されました。現在は、ミコちゃん一人が「二代目・川上」として、立派に切り盛りしています。「三日だけ手伝うて、言われて三五年経ってしもた」と、笑うお顔がいじらしい……。

一〇人ほどが座ればいっぱいになってしまうカウンターだけの小さな作り。手前の「畳席（三席）」に座れたら、その日は幸運至極ですな。メニューは旬の食材で、毎日「炊いたん（煮物）」「焼いたん（焼き物）」「生もん（造りなど）」「なんやかや（その他）」が手書きで示されます。

店のコンセプトは「階段の踊り場」。家へ帰る前にホッと気分転換してもらえる場でありたいという意味です。会話ができて、情報があり、うまい酒がある。

中高年が落ち着いて呑める、数少ない隠れ家でおます。

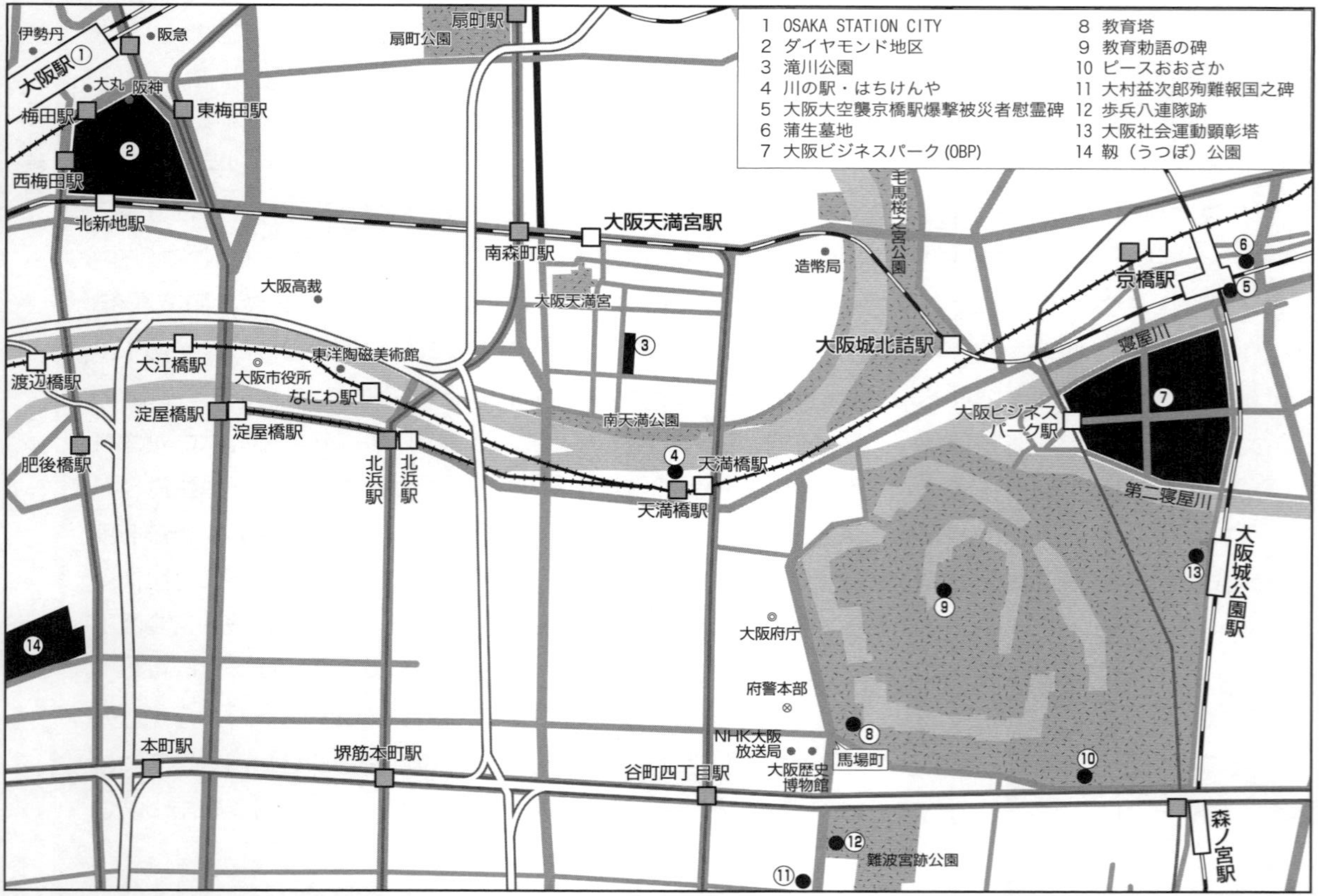
1 OSAKA STATION CITY
2 ダイヤモンド地区
3 滝川公園
4 川の駅・はちけんや
5 大阪大空襲京橋駅爆撃被災者慰霊碑
6 蒲生墓地
7 大阪ビジネスパーク (OBP)
8 教育塔
9 教育勅語の碑
10 ピースおおさか
11 大村益次郎殉難報国之碑
12 歩兵八連隊跡
13 大阪社会運動顕彰塔
14 靭（うつぼ）公園
伊勢丹
阪急
大阪駅
大丸
阪神
梅田駅
東梅田駅
西梅田駅
北新地駅
扇町駅
扇町公園
南森町駅
大阪天満宮駅
大阪天満宮
大阪高裁
造幣局
毛馬桜之宮公園
京橋駅
大阪城北詰駅
寝屋川
大江橋駅
渡辺橋駅
大阪市役所
東洋陶磁美術館
なにわ駅
淀屋橋駅
淀屋橋駅
南天満公園
大阪ビジネスパーク駅
肥後橋駅
北浜駅
北浜駅
天満橋駅
天満橋駅
第二寝屋川
大阪城公園駅
大阪府庁
府警本部
NHK大阪放送局
大阪歴史博物館
馬場町
本町駅
堺筋本町駅
谷町四丁目駅
森ノ宮駅
難波宮跡公園

# 2 天満駅

## ●「元・監獄」の近くには、日本一の商店街！

**天満駅下車**、徒歩七秒。**天神橋筋商店街**は、南北二・六キロ、六〇〇店が犇《ひし》めく日本一長い商店街でおます。江戸時代の**天満青物市場**から始まって、明治以降は、南の大川（旧淀川）と北の淀川（一九一〇年に付け替えた現・淀川）から**大阪天満宮**に通じる参道に店と人が集まったのが、この街の始まりでした。各商店街は、地名にならって「〇丁目商店街」と称されまして、現在は、南の「天一」（天神橋筋一丁目）から北の「天六」（同六丁目）まで。昔は、十丁目まであったんやそうです。大阪人は「地名を縮める」のが好きなようで「上六」というたら「上本町六丁目」、「谷九」は「谷町九丁目」てな具合です。かと思えば、「日本橋三丁目」を「日三」とはいわない。そのくせ「日本橋一丁目」は「日本一《にっぽんいち》」といいまんねん。ま、語呂が良かったら縮める、良うなかったらそのまま……なんや！　つまり、プラグマティズムでんがな。

南北 2.6 キロ、日本一長い「天神橋筋商店街」

駅から商店街を西へ突っ切ると、ガード下には横断歩道。そのガードの南、大通り（天神橋筋）の向かい側に見える「北区民センター」を右手に見ながら南へ少し歩きますと『扇町公園』です。敷地は七ヘクタールと広く、園内にはプールも児童遊戯施設もあります。昔はここに『大阪プール』という巨大な水泳競技場があって、水泳だけやのうて、何千人とか一万人という大集会は、ここでやりましたんや。ほいで、ボクシングやプロレスも……そうそう、一九五七年の力道山とルー・テーズの試合は**大阪プール**でやりましてんで。昔は「ドーム」なんか、おまへんよってね。

今は長閑《のどか》な**扇町公園**［北区扇町1—2］ですが、そもそもの始まりは「監獄」でした。堀川監獄が設置（一八八二年）されて、一九二〇年堺市へ移転（現・大阪刑務所）した後に整備されて、一九二三（大正12）年に公園になった、というわけですわ。

さて、商店街に戻って、ちょっと北へ歩くと**天五**（天神橋筋五丁目）です。この界隈には、なぜか「安いお寿司屋さん」が多いんですな。一皿一〇〇円は常識……というても、「回転寿司」とちゃいまっせ。歴《れっき》とした老舗《しにせ》がズラリと並んでます。それにしても、なんでこんなに安いんやろ？ それは、天五の寿司屋さんは「高級寿司」やのうて、**職工**《しょっこう》相手に始めた商売やったから、なんです。

今は「労働者」「勤労者」などといいますが、昔は工場労働者や手工業従事者を職工というたんです。ちなみに、高野房太郎・沢田半之助らが一八九七（明治30）年につくった日本最初の〝労働組合〟は『職工義友会』でした。「油職工《あぶらしょっこう》」いうて、労働者をバカにする言葉もあったくらいです。昔、職工の賃金は月給ではなく「月三回給」が多かったんですね。たとえば「五のつく日」なら「五日、一五日、二五日」が給料日。これを当て込んだ〝安い寿司屋〟が大繁昌しました。その「安さ」の伝統が、今に至るもちゃんと引き継がれてるのが「天五」ですねん。嬉しいやおまへんか！「烏賊《いか》一皿・一〇〇円」。しかも、三貫が皿に乗って出て来ます。この界隈では「烏賊、ダブルで」てな調子で注文するのが当たり前でっせ、覚えといておくんなはれや。

「天五」の交差点を西へ渡ると**天五中崎町通商店街**。ニックネームは『おいでやす通り』で、前章で紹介した「元・済美小学

職工さん御用達「安い寿司屋」

興味津々の店が並ぶ「おいでやす通り」

校」のある中崎町まで続く短いアーケード街です。通りには、飲食店や居酒屋はもちろん、たくさんの老舗と新しい店が混在してます。

世界一美味いたこ焼き屋（これは僕の主観です、あくまで……）、昼から飲める立ち呑み屋、レトロで貴重な古本屋、手作り家具と木工の店、お持ち帰り専門の焼き鳥屋、ニンニク料理専門店、奇妙な古道具屋さん等々、全長たった五〇〇メートルの興味津々、尽きまへん。

### ●大阪福祉の原点「北市民館」跡と「ガス爆発慰霊碑」

**天神橋筋商店街**の北詰が**天六**の交差点です。商店街のアーケードが切れる所、その右（東）の真横に**大阪くらしの今昔館**［北区天神橋6—4—20　8F］があります。この館の展示が面白い！江戸時代から昭和に至るまで、大阪（坂）の町並みと住まいに関する「歴史と文化」が一同に集められてます。一見の価値充分にあり、ですわ。それと、それだけでは、おまへんねん。ここはもともと『北市民館』という施設やったんです。地下一階・地上四階建ての鉄筋コンクリート造りで、その全体を覆っていた蔦《つた》は「愛の蔦」の愛称で親しまれて、長く**北市民館**のシンボルでしてん。なんで「愛の蔦」か？　以下、読みすすんでいただければおわかりいただけます。

一九二一（大正10）年に、隣保《りんぽ》施設（セツルメント）として「大阪市民館」ができまして、その五年後に「北市民館」に名前が変わりました。「セツルメント」いうんはSettlement Houseのことで、一九世紀末にイギリスで始まった、まぁ、一言でいうたら「生活改善運動」の施設ですね。日本でも「岡山博愛会」、東京神田「キングスレー館」「東京帝大セツルメント」なんかが有名ですけど、「北市民館」は日本で最初にでけた「公営隣保館（セツルメント）」でした。

時代背景としては、何ちゅうても、米騒動（一九一八年）、シベリア出兵（一九一九年）、つまり「大正デモクラシー」の時代です。当時、大阪は〝東洋のマンチェスター〟とか〝煙の都〟とも呼ばれた日本最大の商工業地でしたけど、同時に、多くの都市貧民層を抱えて、深刻な食糧危機にも陥ってました。天六（天神橋筋六丁目）やその北に位置する長柄《ながら》は、南の**釜ヶ崎**と並び称された「スラム街」でしてん。そのド真ん中で、「北市民館」は社会福祉の砦として、六一年の長きにわたって活動を続けました。ちょっと覗《のぞ》いてみまひょか。

地階…「講習室」「市営天六質舗」。へぇ、公営の質屋さんがおましてんな。
一階…「結婚相談所」「見合室」「信用組合」など。お見合いもやったんですな。
二階…「内職斡旋」に「カフェ」、それから診療所がズラリ。

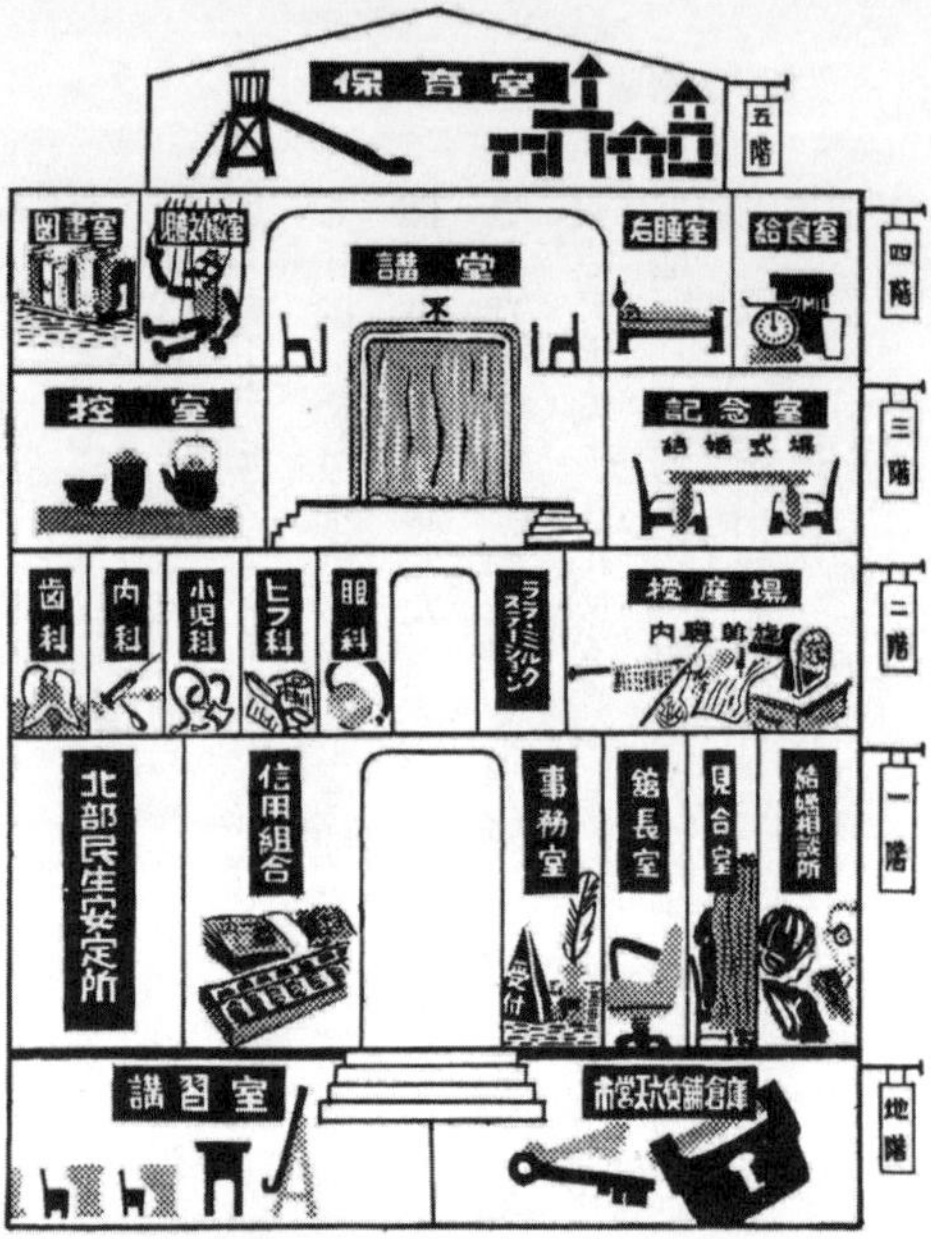


1950（昭和25）年当時の「北市民館」内部（『61年を顧みて』より）

三・四階：「結婚式場」「講堂」「給食室」「后睡室」「児童文化教室」「図書室」……昼寝もできたんですなぁ。

五階、「保育室」

――どないです？「総合レジャービル」ならぬ「総合生活ビル」でっしゃろ。

初代館長は**志賀志那人**《しがしなど》さん。「社会事業というものは、民衆が民衆を助けるものであって、救うものも救われるものもいない。それを上手にオーガナイズしていくのが、社会事業者の役割だ」（北市民館『六一年を顧みて』）と仰《おっしゃ》った「日本福祉行政の元祖」です。ホームレスを排除するしか能が無いようでは、福祉の名が泣きまっせ。志賀さんに怒られまっせ。

さて、**天六交差点**を北に渡って右（東）に行くと、**国分寺公園**［北区国分寺1―5］の中に**天六ガス爆発慰霊碑**が見えます。一九七〇（昭和45）年四月八日夕方、大阪市営地下鉄「谷町線・天神橋筋六丁目駅」の工事現場に都市ガスが噴出、事故処理車が出動しました。ところが、現場

天六ガス爆発事故「慰霊碑」

付近でエンスト。エンジン再始動のためにセルモーターを回したら、モーターの火花にガスが引火して事故処理車が炎上……さらに、この火が地下に充満していた都市ガスに引火して大爆発！　死者七九名、重軽傷者四二〇名、全半焼家屋二六戸、損壊三三六戸、ドアや窓ガラスが壊れた家屋は一〇〇〇戸以上、という大惨事を引き起こしました。

慰霊碑には「大都市大阪がその過密化を防ぐための再開発途上に起きた未曾有の大災害」と記されてあります。こら！　エエ加減なことというたらアカンで。当時はな、**大阪万博**（一九七〇年）の工事ラッシュの真っ直中《ただなか》で、突貫工事と杜撰《ずさん》な現場管理が横行していたんやがな。事故処理車の火花が事故原因？……洒落《しゃれ》にもならんわい！　経済優先と人命軽視が大事故に繋がるのは、今も昔も変わってまへん。

美味《うも》うて安い「寿司・たこ焼き・串カツ」食べてから、この碑を見て帰ってもバチはあたりまへんよって。ぜひ、一見あれ。

### ●「天満組」の賑わいと「三十石船《さんじゅっこく》」（八軒家船着場の跡）

今度は地下鉄・天六駅から南森町駅まで行きます。ま、天神橋筋商店街を南詰めまで歩いても構いませんけど、ゆ

滝川公園の「天満組惣会所跡」碑

うに四〇分はかかりまっせ……。地下鉄・南森町駅（ＪＲ東西線・大阪天満宮駅にも連結）から『天神さん（大阪天満宮）』は目と鼻の先です。さらに東南方向へ歩きますと、町中にぽっかり**滝川公園**［北区天満4－7］が現れます。扇町公園とはまったく趣を異にするかなり大きなこの公園、敷地が二段になってまして、上の段から下の段へ二台の大きなすべり台が設《しつら》えてある。童心に返って、滑ってみまひょか。

ここに、**天満組惣会所《そうかいじょ》跡**の石碑が建ってます。説明文には——

「江戸時代の大阪《ママ》は淀川（大川）をはさんで三つに区分され、これを総称して大阪3郷《ママ》と呼んでいた。このうち淀川の北が天満組で、南側二分して北組、南組とされ、それぞれに惣会所が設けられた。／天満組の惣会所が置かれたのがこの地であり、町人による自治的機関として町の行政全般を処理していた。（以下略）」

とあります。「大坂三郷」を支配していたのは大坂町奉行でしたが、実際に行政に携わったのは町人の中から選ばれた「惣年寄《そうどしより》」や「町年寄」などの役職を与えられた人たちでした。「惣会所」は、いわば「大坂独自の町人自治組織」「自主管理の町運営機関」でんな。天満組には侍が大勢住んでましたから、今でも「与力町」や「同心町」の町名が残ってます。

また、一六五三（承応2）年に、京橋から移転して『天満青物市場』ができてからは、大坂の青果取引を独占する形で周囲に野菜商が数多く集まりました。天満堀川（今は埋め立てられて道路）沿いにも造り酒屋や乾物問屋などが軒を連ねるようになり、天満組は大いに繁栄しました。

この滝川公園から東へ行くと**天神橋筋**。そこから南へ、大川（旧淀川）にかかる『天満橋』を渡ったら「京阪電鉄・天満橋駅」です。土佐堀通りを渡って右（東）へ一〇〇メートル、**永田屋昆布本店**［中央区天満橋京町2—10］の軒先に『八軒家船着場の跡』碑があります。八軒の船宿が軒を並べてたんで**八軒家浜**と呼ばれるようになりましてん。ここは、京都の伏見まで淀川を往復した「三十石船」の発着場所。また、熊野街道の起点でもおました。

「八軒家船着場の跡」碑

広沢虎造（二代目）の有名な浪曲『石松代参《だいさん》』の「酒呑みねぇ、寿司を喰いねぇ。江戸っ子だってねぇ」「神田の産まれよ」の名場面は、この三十石

大川から分岐する左「土佐堀川」右「堂島川」

船の道中ですし、十返舎一九《じっぺんしゃいっく》『東海道中膝栗毛《ひざくりげ》』や上方落語『三十石船』にも、当時の庶民の活き活きとした姿が描かれてます。

八軒家浜は、人と物の交流と交通の最要所やったんですな。二〇〇八年には、天満橋南詰めに現代の『八軒家浜』が開港しまして、観光船が通ってます。その近くに**川の駅・はちけんや**［中央区北浜東1―6］もでけました。「道の駅」は日本全国あちこちにありますけど、「川の駅」は珍しでんなぁ。**天満橋**と**天神橋**の間約六〇〇メートルの大川沿いが綺麗に整備されて、ゆったりした〝遊覧スポット〟になってます。**大川**が**堂島川**と**土佐堀川**に分かれる分岐点から、正午になると噴水が湧き上がる……大阪市も〝水の都〟を一生懸命演出してますから、見たってください。

商店街の繁栄、人々の賑やかな往来など、天満の賑わいぶりを物語る二つの史跡を見た後は、ちょっと足を伸ばして東洋陶磁美術館や骨董街・老松通を訪れるのもお勧めです。落語に興味のある方は、天神さんまで戻って天満天神繁昌亭へ、どうぞお越しください。

本当は　教えたくない　このお店

## ブック・カフェ『ワイルド・バンチ』

天満駅から天神橋筋商店街に出てまっすぐ右（北）へ、天神橋六丁目（天六）交差点でアーケードがいったん切れます。道路を渡り、都島通りを右（東）へ進んで二つ目の角「菅栄町2」を左（北）へ入って三つ目の辻を右へ折れると、すぐに『ワイルド・バンチ』があります。「最後の西部劇」と称されるサム・ペキンパー監督の映画の題名を店名にしたこの店は〈古書店＋カフェバー〉です。

巨匠ヒッチコックのシルエットに型抜きされたドアを開けると、まず目に飛び込んでくるのが、両側の壁一面を埋め尽くした膨大な数の本、本、本……。文学、映画、演劇、音楽、ミステリーといったジャンルを中心に、二万冊以上並んでいます。絶版・品切れ本や初版本など、マニア垂《すい》涎《ぜん》の貴重な本も多数。書棚にある本は、すべて買うことができます。つまり、商品なのです。本棚を抜けるとカフェ・スペース。古民家の柱などをリサイクルして作ったアンティークなテーブルでコーヒーを飲みながら、ゆっくり本を選んで読む。

奥のカウンターには、ビールやバーボン、焼酎など豊富な酒が並んで、話し好きの気さくなマスターがいてはります。広いスペースは防音されてて、小演劇やジャズ等のライブハウスとしても有名で、また、店内奥の壁面を利用した個展（写真・絵画・イラスト作品など）も可能です。知る人ぞ知る「天六のサブカル・スポット」へ、ぜひどうぞ。

## 3　桜ノ宮駅

### ●「龍王宮《ヨンワングン》」跡地と大阪拘置所

桜ノ宮駅の西出口を出ると、眼前に大川（旧淀川）が流れて、河川沿いには綺麗な毛馬《けま》桜之宮公園の敷地が広がってます。遊歩道から川に通じるところ、環状線の鉄橋の真下の柵で囲まれた一角に「大阪府西大阪治水事務所」の看板が架かってて、立ち入ることはできません。ここに、かつては『桜ノ宮龍王宮』がおました。寺でも神社でもない、要するに「祈祷《きとう》所」でんな。昔は「拝み屋」ともいいました。

巫堂《ムーダン》というシャーマン（呪術師）が、先祖の霊を呼び寄せて祈祷するんです。韓国語で「クッ（巫祭）」という祭事が、何十年もここで続けられました。在日韓国・朝鮮人の民間信仰（先祖・自然崇拝）に支えられて、延べ何万人もの人々がここで祈りを捧げてきましたんですが、今は

在りし日の「竜王宮」（川辺から写す）

すっかり更地になってます。

**龍王宮**の起源は、日本の敗戦直後にまで遡《さかのぼ》ります。大阪、特に生野・東成は済州島《チェジュド》出身者が多く、龍王宮は水辺にあるために「故郷につながる場所」として重宝されたんです。この「聖地」は、在日の文化・歴史・宗教・生活が凝縮された場所《トポス》でした。また、敷地内では廃品回収業もやってましたから、まさに「聖・俗」「清・濁」併せ持つ「在日ピビンバ文化」とでもいうべき象徴的存在やったんです。

ところが、大阪市が「不法占拠」を理由に立ち退きを迫ってきて、二〇一〇年の夏にすべての施設が撤去されてしもた……。多くの人々の反対と存続を求める声を踏みにじって、喜びも悲しみも共にしてきた「聖地」を、永遠にこの世から消しさってしもうたんです。「歴史と文化」を理解しない、いや、しようとしない大阪市の暴挙！　川岸を洗うさざ波の音が、僕には〈恨《はん》〉の声に聞こえてなりません。

さて、大川沿いを右（北）へ一〇分ほど歩くと、右手に『大阪拘置所』［都島区友渕町1―2―5］の威容が見えてきます。大阪を訪れたからには、ぜひともここに立ち寄っていただきたいです。物見遊山《ゆさん》やのうて「自己内対話」するために……ちょっと、高尚すぎましたかいな。

それはそうと、拘置所と刑務所はどう違うか、知ってはりまっか？　刑務所は「刑が確定した者を収監し、そこで刑期をおくる更正施設」です。一方、拘置所には「未決拘禁者（裁判中の被疑者や刑事被告人）」、それから、刑が確定した「移送待ち受刑者」も収容されます。「確定死刑囚」は、刑務所やのうて「拘置所」に置かれますねん。「死刑」やねんから「刑を務め上げる」必要はないわけです。

法律上、警察に逮捕された被疑者は三日以内に裁判官が勾留を決定すると、拘置所に移されます。そこで、最長一〇日間拘禁されます。さらに一〇日間、特殊な犯罪の場合には一五日間延長が可能です。「拘留される」ことを「打たれる」ともいいますが、たとえば「今回は、まるまる三日打たれたで。難儀したわ」てな例文ができまんねん。

せっかくですから、ここで、この国の「拘留制度」の大問題に触れておきましょうか。監獄法で「警察官署に附属する留置場は之を監獄に代用することを得」と定めているために、被疑者は「拘置所」ではなく、警察の留置所に入れられたままの状態になることが多々あります。これが、世界中で日本にしか存在しない**代用監獄制度**です。人権侵害と冤罪《えんざい》を生む温床であるにもかかわらず、日常生活・一般庶民の中では、まったくといっていいほど顧みられておりまへん。由々しき問題ですわ。

死刑制度も、そうでんな。日々の生活の中で真剣に議論されることなど、皆無に近いでしょう。なのに、凶悪犯罪が起こるたびに「世論」は「犯人に極刑を」と求め、死刑存置を是とする人々が多数派です。その「死刑」が、この**大阪拘置所**の中で行われているという事実を、まず知って

拘置所手前に並ぶ「差し入れ屋」

もらいたいんです。悠々たる大川の流れと公園があって、すぐ近くには有名な「造幣局の桜の通り抜け」がある、文字通り美しく綺麗な「桜ノ宮」で「死刑」が執行される。「死刑執行」は絶対に不可視で、桜ノ宮の風景の中にまったく、これぽっちも存在していません。拘置所の正門に立って、その事実と意味に、少し思いを馳せてみませんか？

大阪拘置所の他に、札幌、仙台、東京、名古屋、広島、福岡と全国に計七ヵ所、死刑執行施設（刑場）があります。日本の死刑は絞首刑で「刑場の一メートル四方といわれる鉄の踏み板がいきなりパーンと二つに割れ、つないだ麻縄がぴんと張りつめて、頸骨を粉々に砕く音。瞬間、脚は宙でヒクヒクと痙攣し、まるでおかしな空中ダンスを踊るようになる」といいます（辺見庸『自分自身への査問』）。

正門の近くには「差し入れ」の品物を主に扱う店が数軒あって、朝の面会時間が近づくと、大勢の人々の買い物姿が見うけられます。その中の一軒は放免屋という屋号で、思わず笑ってしまいますが、すぐに、頬が引きつります。壁の向こうにいる人々と、こちら側にいる私たち。彼方《あっち》と此方《こっち》を隔てるものは、脱走防止のための高い塀だけやろか……大川の流れのように、想いは尽きまへんなぁ。

### ●「トヨクニハウス」と戦災樟《くす》

大阪拘置所の北角から東へ、「高倉町1」の交差点を渡ると「高倉幼稚園」、その東に隣接して『トヨクニハウス』［都島区高倉1］があります。この建物群は、戦前から大阪に残る唯一の「RC集合住宅」で、歴史的かつ文化財的価値の高い建造物です。ただし、ここを保存しようとか、一帯を整備しようとかいう施策は、まったく提唱されてまへんので誤解なきように。

RCとは reinforced concrete、つまり「鉄筋コンクリート」のことで、関東では、東京の「同潤会アパート」や、横浜の「稲毛山下住宅」なんかが有名です。大阪でも、「RC集合住宅」としては、浪速区の**市営下寺《したでら》住宅**が有名でした。ここは一九三一（昭和6）年に完成、屋上に並んだ竈《かまど》用の煙突から煙が立ち上るので「軍艦アパート」の愛称で親しまれてましたが、二〇〇六年に解体されてしもたんです。日本橋の「でんでんタウン」に隣接していることもあって、モダンとレトロが、実に対象の妙をなしていた建物やったのにね……。

**トヨクニハウス**も、軍艦住宅と同じ年に民間のアパートとして建てられました。当初は八棟ありましたが、今は二階建の六棟が残ってます。名称は、この住宅を開発した豊國土地株式会社（施行は松村組）に由来してます。当世はやりの薄っぺらい「マンション」とはまったく違って、各棟が重厚な存在感を持ってます。この区画だけで〝一つの町並み〟を形成しているのが、一目瞭然に見て取れますな。一階と二階は別の住居で、真ん中の階段室で左右対称になっている「四戸一型」という住棟形式で、今となっては非常に貴重な建築様式なんやそうです。一九九五年

枯れながら屹立する「戦災樟」

現存する唯一の戦前の RC 住宅「トヨクニハウス」

の阪神淡路大震災の時もビクともしなかったんですから、当時の建築水準の高さがうかがえまんなぁ。

階段やテラス、出窓などが幾何学美を持ってて、上品な雰囲気を漂わせています。そして、各階段の上には「トヨクニハウス○」という錆《さ》びた金属のプレートが付いてます。「お金持ちの住む高級賃貸住宅……ネオンサインが夜になると輝いていた」（大月敏雄『集合住宅の時間』）んやから、このプレートはネオンの基盤やったんでしょう。○のところにはFとかAといったアルファベットの痕跡が見えます。

建った当時も、そして今にいたるまで、モダンであり続ける建物が「騒ぐな、焦るな、散らかすな」と語りかけてくるような気がします。風雪を生き抜いていた建物を見てると、なぜか、新《しん》内語《ないがた》りの岡本文弥師匠を思い出しました。「戦争はいけません、散らかしますから」。師匠が生前よう言うてはりました。

トヨクニハウスから大川沿いに戻る途中に、黒こげになった**樟の木**［都島区善源寺町1―11］があります。地元では『渡辺綱・駒つなぎの樟』と伝承されています。かつて、この樟は周囲約一二メートル、高さ約三〇メートルもの大木で、大阪府の天然記念物に指定されてましてんけど、戦災に遭って何時間も燃え続けたんやそうです。枯死した現在も、鳥居に守られて屹立《きつりつ》しているその姿は、痛々しくも、壮観でおます。

## ●蕪村公園と毛馬水門

再び大川に戻って、河岸を北へ歩きます。大川の一番上流に架かる橋が『毛馬橋《けま》』で、その東詰に**蕪村《ぶそん》公園**［都島区毛馬町3］があります。与謝《よさ》蕪村の生誕地が摂津《せっつ》国毛馬村（現在の都島区毛馬町）であることから、彼を顕彰することもかねて、この一帯が二〇〇九年に整備されました。中央がグランドになってて、周囲には桜やさまざまな草花が……ここばかりは別天地ですわ。公園の入り口には、蕪村のことを詳しく解説したボードもあります。遊歩道には蕪村の句碑が一三基も並んでて、俳句鑑賞しながらの散策は、なかなか楽しいもんでっせ。

保存されている初代「閘門（こうもん）」の一部

水運の要所「毛馬の閘門・水門」

公園からさらに北へ行くと、淀川の堤に出ます。ここにも蕪村の句碑があって――

春風や 堤長うして 家遠し

と刻まれてます。解説板によると、この句は、奉公先から毛馬の堤を通って里帰りする娘たちの心境に託して、蕪村が自分の望郷の念を詠んだ作品集『春風馬堤曲《しゅんぷうばていのきょく》』の第二句やそうです。その碑の左手にある、圧倒されるほどの巨大な水門が、淀川と旧淀川（大川）を隔てる**毛馬の水門**です。一八八五（明治18）年の大水害を契機に淀川の大改修が行われて、一九一〇（明治43）年に新淀川（現在の淀川）が開削されました。その工事の際に、新淀川から分岐する旧淀川の水量調節と物を運ぶ舟運《しゅううん》の便を図るために、「洗堰《あらいぜき》」と「閘門《こうもん》」が建設されました。現在の水門は一九七四年に造られたもの。旧洗堰と閘門は役目を終えて閉鎖されましたが、一部は蕪村公園の南にある『河川公園』に保存されてますから、興味のある方は足を伸ばしてください。

**洗堰**は、水を上から越流させる堰で、洪水や高潮などの非常時に備えます。**閘門**は水位の異なる河川や運河、水路の間で船を上下させるための装置です。喩《たと》えるならば、ここは「パナマ運河」のような利便性をもった「河の交差点」「水運の要所」です。大阪の〝水の都〟は、先人の知恵と業績に支えられたんですな。

『毛馬のこうもん』と大書された水門から淀川を望むと、淀川大堰が眼前に迫り、晴れた日には、遙か千里丘陵や六甲山地が見渡せます。この巨大な河が人工だとは……とても思えまへんなぁ。

二〇一〇年は、奇しくも「淀川改修百周年」、その雄大な流れは日韓併合百年と同じ歴史の長さを過ぎ越してきたんです。歴史を内包した自然に触れながら、たまには「ひねもす　のたりのたり」するんも、オツでっせ。

本当は　教えたくない　このお店

## 中華そば『光龍益《こうりゅうます》』

ＪＲ桜ノ宮駅の東出口を北側に出て、右（東）へ。三つ目の角を左（北）へ入ります。この辺りは住宅街で、両側に民家が並ぶ幅二メートルもない細い路地の奥まで行けば、「中華そば」と大書された提灯《ちょうちん》と『とんぴととりの光龍益』の大きな暖簾《のれん》が見えます。入り口に「スープが無くなりしだい終了」という但し書き、そして「満席の場合、店の外での並び方」指示書が掲示されてます。ご近所の迷惑にならんように気遣う、この店の凛《りん》とした「在りよう」を物語ってます。

「ラーメンを食べる前にグッとどうぞ」とハニーウォッカが無料で飲めます。つまり、食前酒の〝おふるまい〟ですな、何とも粋やおまへんか。「とんぴ（豚皮）」と「とり（鶏）」の真っ白なスープは、昨今流行りの「油ギトギト」ではなく、実にあっさりした味わい。醤油ベースのタレと麺は、絶妙がマッチング。ラーメンダレは追加自由で、希望すればニンニクを目の前で圧搾して入れてもくれます（こちらも無料）。しっかりとした歯ごたえと、肉の旨みを充分に引き出すほどよい味付けの厚切りチャーシューは、「特製ラーメン」にすると二〇〇円アップで三枚になって……あぁ、何という幸せ。

「光龍益の由来は何ですか？」と訊けば、「別に何も考えんと付けた」とのこと。客の目の前で黙々とラーメン（七〇〇円、特製は九〇〇円）を作るこのご主人、ちょっと近寄りがたいオーラを発してまんな。客も、ひたすらラーメンを食べる。余計な会話や雑音などいっさいございません。「味わうこと」にシャキッと一本筋が通っていて、「食べること」が思索を誘う……こんなラーメン店は、他に類を見まへんな。ちなみに、「つけ麺」は夏季限定です。

浪花にラーメンの王道あり！　どないでっか？

# 4 京橋駅

## ●大阪大空襲京橋駅爆撃被災者慰霊碑

キタでもミナミでもない、京橋は独自の顔を持つ繁華街です。駅の周辺には、京阪「京橋」駅も含めて東西南北を取り囲むように「京橋東商店街、新京橋商店街、京橋一番街、京阪京橋北通り」など、一〇（あるいはそれ以上かも）以上の商店街が連なって、毎日の乗降客は、ＪＲ・京阪・地下鉄を合わせると五〇万人を越えるんやそうですな。

京橋は、もちろん橋の名前です。京橋駅から一・二キロほど西に離れた寝屋川に架かっている橋で、今は都島区と中央区の境目に位置してます。昔の京街道は、この京橋から淀川に沿って京都までの道程でした。京橋の地名は、江戸時代から明治以降も存在したんですけど、平成になって、合併されて消えてしもたんです。もったいない……。一八九五（明治28）年、城東線「京橋

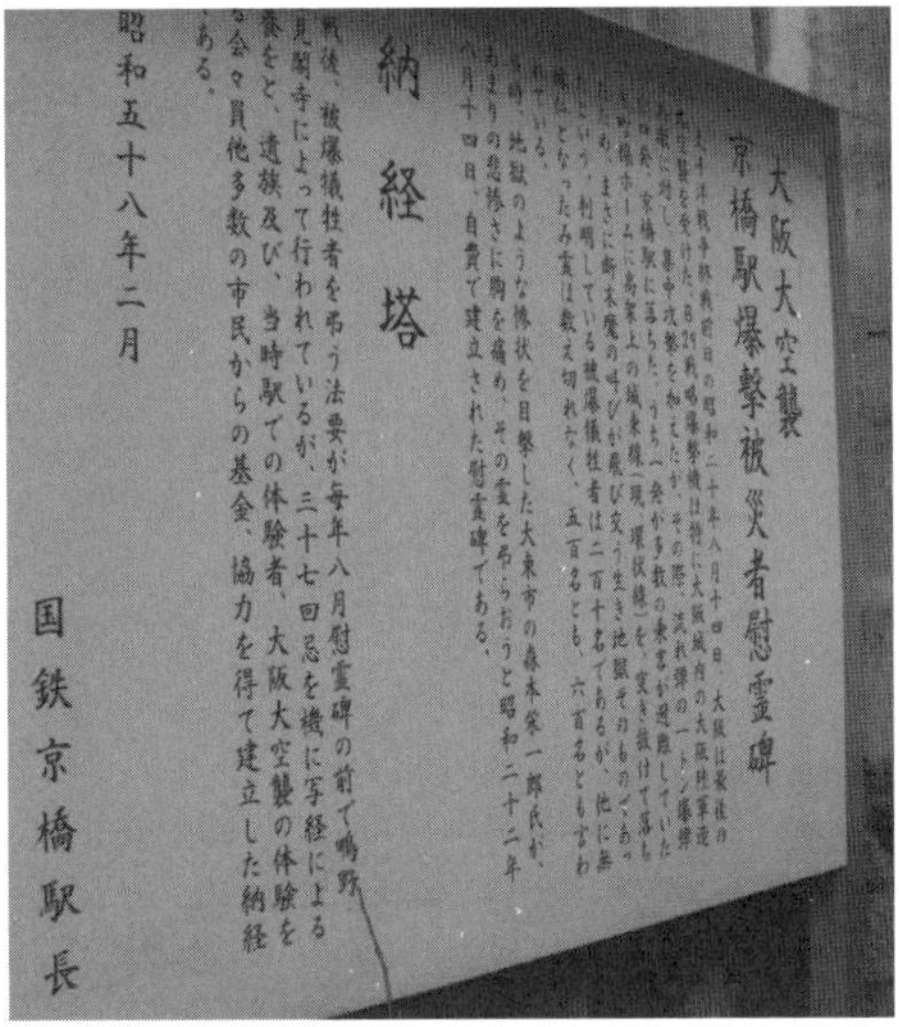

「国鉄駅長」が書いた説明板

ＪＲ側にあるのに「京阪京橋商店街」

駅」が開業して、後に片町線（現・学研都市線）や京阪本線との乗り換え駅となり、駅周辺が繁華街として発展するにしたがって、京橋は駅およびその周辺を指す通称になりました、というわけです。

ＪＲ京橋駅の南口を出て、寝屋川沿いに右（西）に行くと、**大阪大空襲京橋駅爆撃被災者慰霊碑**が建っています。解説板には――

「太平洋戦争終戦前日の昭和二十年八月十四日、大阪は最後の大空襲を受けた。Ｂ29戦略爆撃機は特に大阪城内の大阪陸軍造廠《ぞうしょう》に対し、集中攻撃を加えたが、その際、流れ弾の一トン爆弾が四発、京橋駅に落ちた。うち一発が多数の乗客が避難していた片町線ホームに高架上の城東線（現、環状線）を、突き抜けて落ちたため、まさに断末魔の叫びが飛び交う生き地獄そのものであったという。判明している被爆犠牲者は二百十名であるが、他に無縁仏となったみ霊は数え切れなく、五百名とも、六百名とも言われている。（以下略）」

とあります。民営化してJRになった後も「国鉄京橋駅長」の表記がそのまま記載されてて、歴史の重みを感じさせてくれます。

解説の中に出てくる「大阪陸軍造廠」とは『大阪砲兵工廠』のことで（一九四〇年に改称）、八月一四日午後、B29約一五〇機の集中爆撃で工廠は八〇％以上の施設が破壊されて、その機能を完全に失いました。**大阪砲兵工廠**は、今の大阪城公園一帯にあった東洋一の武器弾薬工場です。

戦前は、この「砲兵工廠」が車窓から見えんように、電車をわざと低く走らせたんです。「外回り電車」に乗るとようわかるんですけど、「森ノ宮駅」を過ぎて、線路が急に低くなります。「大阪城公園駅」のあたりで側道より低くなって、京橋駅で、また高架に戻ります。内回りで京橋から乗っても、気をつけていれば車両が「下って上る」のがわかりますから、ちょっと注意しながら環状線に乗ってみてください。京橋、森ノ宮、玉造《たまつくり》、この三つの駅は『大阪砲兵工廠』に隣接して大いに栄えたんです。

「駅を歩くときには骨を踏んでいると思いなさい」。空襲当時は一五歳、学徒動員で駅にいた山崎稲子さんの言葉です（読売新聞大阪本社社会部『大阪環状線めぐり』）。

### ●江戸時代から続く「蒲生墓地」

京橋駅「北口」から東へ、商店街のアーケードを避けるように、さらに東へ歩くと、立ち呑み屋と風俗店が立ち並ぶ「名物小路」。昼間からエライ賑やかで、どの立ち呑み屋も昼夜分かたずお客さんがいっぱいです。風俗店のケバいネオン・サインのおかげで、この界隈でここだけが「浮いて」まんな。

その「小路」を抜けて交差点に出ると、東西に延びる小高い道がありますが、これは**鯰《なまず》江《え》川《がわ》**の土手の跡なんです。「ここは土手やったな」と、一目瞭然、すぐわかります。鯰江川は、寝屋川の北岸を沿うように流れていた川で、東から京橋駅のプラットホームの下を通って、野田橋を潜り抜け、片町付近で寝屋川に合流していましたが、一九七二（昭和47）年に埋め立てられました。長さ約一・五キロ、川幅約三〇メートルの小さな川に鯰が多かったから「鯰江川」になった、という説です。近松門左衛門の『女殺油《あぶらの》地獄《じごく》』、上方落語『野崎詣り』にも鯰江川が登場しまんな。

その小高い道の北（左）側、一段低い窪地のような場所が『蒲生《がもう》墓地』です。位置的には名物小路に並ぶ店々の南側の真裏です。「小路」に並ぶ**まるしん**と**山ＣＨＡＮ**の間にある、幅六〇センチほどの入り口からも入れますけど……見つけられたら、あんたは偉い！　**蒲生墓地**は、かつて大坂七墓の一つ。**大坂七墓**とは、昔、大阪の町の周辺にあった古い墓地で、「濱《はま》」「梅田」「葭《よし》原《はら》」「千日」「蒲生」「鳶田《とびた》」「小橋」の七ヵ所でした。

敷地に入ると、墓地というにはそうとう荒れ果ててますが、中央部分は石畳で舗装されてて、お参りに訪れる人も少なくありません。明治・大正・昭和はもちろん、中には、享保、寛政、天

▲呑み屋街の裏側は「蒲生墓地」

◀大笹吉五郎「金」の解字墓標

保、宝暦、天明……、古い時代の墓石が数多く並んでます。

さて、墓地の真ん中あたりに『大笹吉五郎の墓』というオモロイ墓標がありまんねん。**大笹吉五郎**は大正時代の相場師（株取引業）で、一九二九（昭和４）年の世界恐慌の時に全財産を無くしたといわれてます。墓石の側面には『人ニハ｜一』と刻まれてるんですが、さて、これはいったい何の意味でっしゃろか？　なんと、「人には辛抱が一番」と読むんやそうです。「辛抱」は「心棒」でもいいらしく、「｜（縦棒）」一字で表しているところが粋です。そして、この奇妙な五文字を組み合わせると、見事に「金」の字になる！　吉五郎さん、金は残せんかったけど、家訓として「金の字の読み解き」を残した——実に大阪らしい逸話でんなぁ。

蒲生墓地は、マニアの間では「心霊スポット」なんて言われてるらしいですけど、昼間に訪れる分には、ま、よろしおまっしゃろ（お好きな方は、夜にどうぞ）。現役の墓地ですから、くれぐれも粗相のないように、頼んまっせ。

## ●大阪ビジネスパーク（OBP）でボロ儲け…

地下鉄「大阪ビジネスパーク駅」があるんやから、OBPに行くにはここで降りればよい……と思ってJR「京橋」駅から地下鉄「京橋」駅まで歩くと、優に五分はかかってしまいます。OBPに行くには「大阪ビジネスパーク駅」は遠いんです……矛盾してまっしゃろ。実は、JR京橋駅の西出口（駅舎の二階）から連絡通路が延びてまして、そこを通るのが一番の近道でんねん。屋根が着いてて雨に濡れへんし、空中を通って川を越えていく二分の歩行は、なんとも爽快です。

何食わぬ顔で林立するビル群（OBP）

OBPから「アパッチ部落」へ（平野橋りょう・ガード下）

『大阪ビジネスパーク（OBP）』は、大阪城の北東部、寝屋川と第二寝屋川に挟まれた約二六ヘクタールの土地に超高層ビル群が建ち並び、都市公園の機能を併せ持った地域――というのが、世間通り一遍の謳い文句ですが、もともとこの地区一帯は水運の要所やったんで、いろんな歴史に彩られた場所なんです。

話は、いきなり四五〇年前に遡ります。OBPと大阪城一帯が、一五七〇年から一五八〇年まで、浄土真宗本願寺勢力（一向一揆）と織田信長勢とが〝ガップリ四つ〟で闘った「石山合戦」の古戦場だったことはご存じでしたか？「大阪城は大阪城だ」なんて思わんとってくださいよ。ここは**石山本願寺**の跡で、信長の後を継いだ秀吉が戦に勝って分捕《ぶんど》った土地に、ドデカい城を築きよったんです。「太閤秀吉が天下の台所をつくった」なんていうのも大嘘。大坂の基礎をつくったのは、本願寺八世・蓮如に他なりません。大坂は、石山本願寺の寺内町を基礎として栄えたんでっせ。

大阪人の「太閤贔屓《たいこうびいき》」も、僕に言わせれば**秀吉の朝鮮出兵**（一五九二、九七年）が日本の大陸侵略に大いに利用された結果にすぎまへんな。「秀吉大好き・家康嫌い」は、明治以降つくられたイデオロギーでおまっ！……ま、それは置いといて、OBPが旧陸軍『大阪砲兵工廠』の跡地を「スラム・クリアランス」してできた、という事実こそが重要なんですわ。

**大阪砲兵工廠**は、大阪城三の丸米倉跡（現：大阪城ホール、市民の森）にできて、その後、城東錬兵場（現：JR森ノ宮電車区、市交通局地下鉄車庫、UR賃貸〈元・公団〉森ノ宮団地、大阪ビジネスパーク）へ拡張されました。敗戦直前の規模は、土地・五九六万平米、建物・七〇万平米、最大工員数は約六万四〇〇〇人、系列の民間工場従業員数は約二〇万人とも記録されています（三宅宏司『大阪砲兵工廠の研究』）。ちなみに、東京九段の靖国神社の象徴ともいうべき「天を突くような」青銅の大鳥居は、大阪砲兵工廠謹製でおますよって、お見知りおきを。

先述したように、アメリカ軍による爆撃で壊滅状態になり、敗戦後は不発弾が多く危険だという理由で長く放置されてました。その残骸の鉄くずを回収して生計を立てる人々が出現、俗に〝アパッチ（族）〟と自他ともに称しました。〝アパッチ〟のほとんどが在日朝鮮人で、取り締まろうとする警察との激しい攻防戦が繰り広げられます。この史実は、開高健『日本三文オペラ』、小松左京『日本アパッチ族』、梁石日《ヤンソギル》『夜を賭けて』などの小説に記録されてて、映画や演劇にもなってまんねん。いわば、「戦後日本の裏面史」ですな。

残った建物の保存を求める多くの声を無視して、一九七六（昭和56）年五月二日、大阪砲兵工廠本館が突然取り壊されました。取り壊しの指示を出したのは、当時の「大阪市公園局長」で、東京の文化庁も驚愕したとか。現在も、砲兵工廠の搬出口跡、吸水口跡、正門跡など、僅かながら残滓《ざんし》が存在してます。戦争責任と敗戦直後の歴史の記憶を消そうとやっきになったんでしょうな。とにかく、都合の悪いモンは「隠す・無くす」……それでも、今も時々「不発弾」が見つかりまんねんで。その時ばかりは環状線が止まって、自衛隊の「爆発物処理班」が活躍します。

バブル経済の時代、ＯＢＰはその象徴でおました。**ツイン21やＩＰＭ（インターナショナル・マーケット・プレース）**がＯＢＰのランドマークで、その他、パナソニック、讀賣テレビ、住友生命、富士通、日本電気、鹿島建設……等々の社屋がひしめき合うてます。戦争で儲けたおした奴らは、戦跡の再開発でもボロ儲けしよった。その象徴とランドマークが、ＯＢＰです。

本当は 教えたくない このお店

## 串カツ酒房『まつい』

京橋駅「北口」を右（東）に出てすぐ、この界隈を歩いたことがあれば、あのド派手で巨大な黄色い看板を知らない人はないはず。串カツの店『まつい』は、朝から呑める「立ち呑み屋」です。店の歴史は「さぁ、何年やってるんかいな」と店員さんたちも哄笑するほど古く、戦後直後から営業してるんやそうです。

串カツの店には、客の注文を聞いてから揚げる「注文揚げ」と、あらかじめ幾数種類もの揚げ物を相当数並べて置く「揚げ置き」の二流派があって、『まつい』は後者に属します。一度にたくさんの客が集まる「梅田」や「京橋」には「揚げ置き」店が少なくありません。もちろん、冷えた串は二度揚げしてくれますし、「置かれてない」ネタはその場で注文すればいいのです。「揚げ置き」店のもう一つの特徴は、キャベツが大量に置かれてあることで、キャベツで腹ごしらえをするという不心得者（僕もその一人……）がいても、咎《とが》められることはおまへん。

名物「どて焼き」（二八〇円）は合わせ味噌仕立てで、まさに絶品。おでんや湯豆腐も、脂っこい串カツ（一〇〇円〜）とのバランスも良く、ぜひお勧めします。各種の肴《さかな》もさることながら、『まつい』の名物は何といっても燗酒《かんざけ》を入れた純錫《すず》製の大徳利で、常に四、五本ならんでます。これは、先代店主が数十万円で特注したんで、酒を一升瓶のまま湯煎《ゆせん》して温めます。しかも「熱燗」「ぬる燗」と、それぞれ差別化してまんねんで。大徳利に入れておくと、これがなかなか冷めない。というより、冷める間もなく、酒が売れていくわけだ。注いでもらう湯飲みも錫製で、変形やひび割れなどを修理するだけでも数千円かかるとか。手にずっしりとくる「重さ」に、歴史の「重さ」を重ねて感じながら呷《あお》る熱燗は、たまりへんなぁ。

　もし、店内が満杯でも、おもいっきり詰めて入れてくれますからご安心を。「さぁ、みんな、ダーク・ダックスやで」――この符牒《ふちょう》わかりますか？　カウンターに向かって半身になって（つまり、片側の肩だけ入れる恰好で）できるだけ間を詰めて呑む、という立ち呑み屋独特の知恵なのですが、さて、**ダーク・ダックス**自体がもう死語ですかな……。

# 5 大阪城公園駅

## ●ひっそり佇む「大阪社会運動顕彰塔」

**大阪城公園駅**は、一九八三（昭和58）年の**大阪城築城四百年祭**を記念して、松下幸之助をはじめ財界人の寄付と贈呈で生まれた駅です。この駅は誰が望んで、どんな目的でできたのか、ちょっと考えながら歩いてみまひょか。

改札出口から、道路の上を西に飛び出ている立派な歩道橋を渡ると、大阪城公園内東北部の一角に出ます。その横に、一見イカツい「塔」がありまして「由来説明」には、こう書いてあります――

「この顕彰塔は日本民族の真の歴史を創造した、労働者・農民らが幾世紀にわたり、支配の圧政に抗して生活と権利を守り、社会解放をめざして闘いつづける歴史の塔であります。／有史以来敗戦まで支配者は自由・平等・解放をねがいもとめる民衆のあらゆる社会解放運動を反逆者・国賊とそしり、弾圧してきました。先駆者達はその激しい嵐の道を身命を賭けて、窮迫に耐え、抵抗し闘い抜き、ために多くの先駆者は拷問、奸計により獄死・病没し雄志むなしく犠牲となりました。（以下略）」

**大阪社会運動顕彰塔**は、分裂していた労組（総評・同盟・中立労連）や社会運動団体が超党派で一九七〇（昭和45）年に建立しました。建設施行は**大林組**ですが、同社は明治時代「日清・日露」の軍役夫斡旋（つまり「戦争労働者派遣業」でんな）とか、その後の公共工事、戦争関連事業と業務なんかでボロ儲けしてきたゼネコンやから、いささか歴史の皮肉を感じざるを得ませんけど……。戦前、社会運動や労働運動は権力によって徹底的に弾圧されました。当然、多くの民主主義者が貧乏に耐えながら命をかけて「無産階級解放」のためにその生涯を捧げたわけです。この塔は、圧政に抗《あらが》って生活と権利を守り闘い続けた歴史の塔なんです。

現在、塔の管理と追悼式の運営をしているのは「(財)大阪社会運動協会」で、毎年一〇月一五日に『合祀祭』(正式名称は「社会運動物故者顕彰追悼式」)が行われます。顕彰者の中には著名な社会活動家・労働運動家がいますけど、大半が〝無名戦士〟ですねん。普段は入れませんけど、塔内には顕彰された人々の人名

大林組が建設した「大阪社会運動顕彰塔」

札がずらりと並んでて、二〇一一年現在、一六二三名にのぼるそうです。その中に金文準《キムムンジュン》、趙《チョウ》夢九《モング》、韓六徳《ハンユクトク》、三人の朝鮮人の名があります。金と趙は、どちらも済州島出身で、戦前の労働組合や共産党の活動家でした。韓については「獄死。社会革命党」という事由しか判明してません。

**金文準**（一九三六年・没）は、もともと済州島で夜学校の教師をしてました。大阪へ移り住んでからは**朝鮮労働組合**の委員長、そして朝鮮語の新聞『民衆時報』を発行した人で、大阪の在日朝鮮人運動に大きな足跡を残しました。**趙夢九**は、戦後も韓国で闘い続けて一九七三年まで存命だったそうです。「自由・平等・解放の先駆者」として、朝鮮人の活動家が顕彰されていることに、僕は大阪人の誇りを感じますねん。

隣接する**大阪城ホール**や**太陽の広場**などでは、毎日のように楽しく煌《きら》びやかで愉快なイベントが繰り広げられていますが、その喧噪《けんそう》とは対照的に、この塔は等閑視《とうかんし》されて、振り向く人はほとんどいません。けど、顕彰塔に眠る人々こそ、この大阪をこよなく愛し、この町をつくり上げてきたホンマの功労者やと、僕は思いまんねんけどなぁ。

## ●「大阪城公園」は戦跡

駅の構内には大阪城の全景模型が置かれてあるんで、見学する前に見ておくと、それぞれの建物や史跡の位置関係が、立体的にようわかります。

さて、「大坂城は豊臣秀吉が建てた」のを知らん人は、おまへんやろ。けど、もっと正確にいうた方がいいと、僕は常々思ってます。前章でも少し触れましたが、石山合戦は一〇年の長きにわたり、一五八〇年に終結しました。この時、本願寺（門主・顕如《けんにょ》）は、正親町《おおぎまち》天皇の命を受け入れて信長に屈服し、一向一揆は敗北しました。天皇が仲介したので、これを「勅命講和」といいます。「勅」とは「天子（帝王や天皇）のお言葉」という意味です。しかし、顕如の長男・教如はあくまでも徹底抗戦を主張、各地の門徒衆の中にも一揆を継続した人々がいました。白土《しらと》三平『忍者武芸帳』は、この一連の史実をモチーフとしていて、不朽の名作といっても過言ではおまへん。ぜひ、ご一読を。

さて、石山本願寺は一五八〇年に炎上、本能寺の変で信長が死ぬのが一五八二年、その翌年の一五八三年に、豊臣秀吉が本願寺跡に大坂城の築城を開始した、というわけですな。それから四〇〇年後の一九八三年に開催されたイベントが、**大阪城築城四百年祭**でした。中心になったのは『(財）大阪21世紀協会』で、大阪城周辺の再開発計画と関西空港の開港を「下から」盛り上げよう！　博覧会やイベントを連続・多発しながら、二一世紀まで突き進もう！　という関西財界主導の「官製まつり」でした。

僕らは、批判の声をあげたんです。国内では刀狩りや太閤検地を通じて身分制を強化し、朝鮮に侵略（文禄・慶長の役）した「太閤さん」と、明治以降軍用地として使用されてきた大阪城を顕彰するとは何事か、という異議申し立てをしました（辛基秀・柏井宏之編『秀吉の侵略と大阪城』）。

ご承知の通り、現在の大阪城は、もちろん四〇〇年前のものではありません。昭和天皇・裕仁

「大阪砲兵工廠」水門跡（OBP から望む）

の即位（昭和の御大典）を記念して、一九二八（昭和３）年、当時の大阪市長・關一《せきはじめ》（関淳一・元大阪市長の祖父）の提案で、市民から一五〇万円の募金が集められ、一九三一年にコンクリート造りで再建されたのが、現・大阪城天守閣でおます。この金額は、今の六〇〇～七〇〇億円に相当しまんねんで。ところが、「天守閣の再建」とは名ばかりで、再建費用は四七万円。あとの一〇〇万円あまりの「浄財」は軍がかっさらっていった、というわけですわ。事ほど左様に、大阪城は**軍都大阪**の象徴であり実体でもありました。

**大阪城公園**が今の姿になったのは一九六九（昭和44）年で、それまでは〝鉄の廃墟・砲兵工廠跡〟でした。大阪城公園内の「太陽の広

1 大阪大空襲京橋駅爆撃被災者慰霊碑
2 砲兵工廠碑
3 砲兵工廠水門
4 旧化学分析所（元・自衛官募集所）
5 砲兵工廠正門跡
6 旧偕行社付属小学校（現・追手門学院小学校）
7 中国の狛犬
8 真心碑
9 石垣に残る機銃掃射弾痕跡
10 １トン爆弾による石垣のずれ
11 天守閣
12 旧第四師団司令部（元・大阪市立博物館）
13 教育勅語の碑
14 衛戍（えいじゅ）監獄跡
15 兵器支廠跡
16 旧ＮＨＫ
17 歩兵三七連隊碑
18 歩兵八連隊碑
19 教育塔
20 城南射撃場跡
21 傷痍軍人・妻の碑
22 ピースおおさか（元・砲兵工廠診療所）
23 鵲森宮（通称、森之宮神社）
24 砲兵工廠碑
25 大村益次郎の碑
（※１～25 は次頁の地図のナンバーです）

## 戦跡 大阪城公園

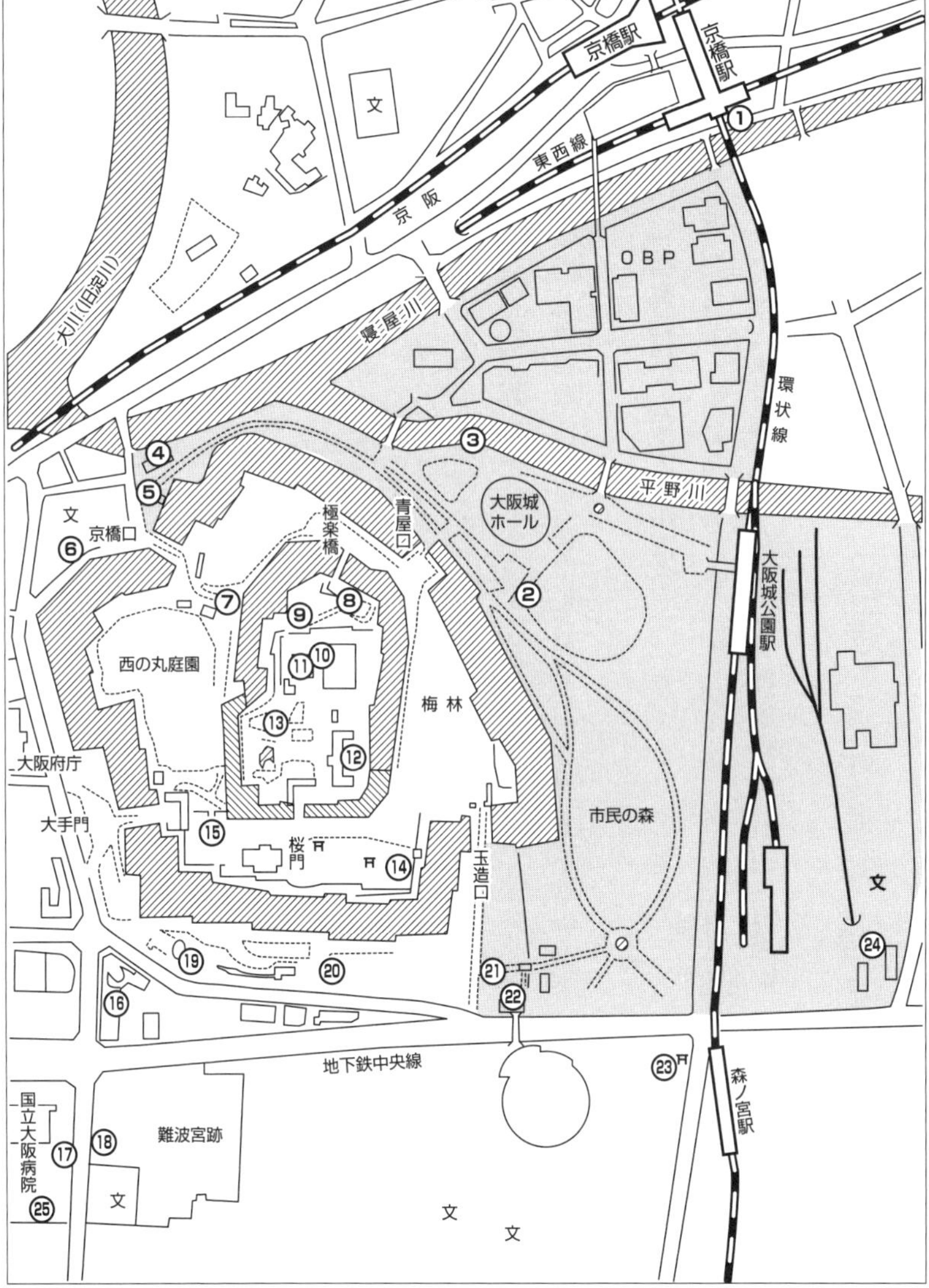


※図の「網掛け部分」が砲兵工廠敷地

場」には、何の説明もなしに『砲兵工廠跡碑』が、ポツンと建ってます。大阪城ホールは『砲兵工廠本館跡』で、ホールのすぐ北には『砲兵工廠水門跡』が残ってます。公園北側の入り口に『筋鉄門《すじがねもん》』がありますが、ここが『砲兵工廠正門』で、門をくぐると『化学分析場』だった煉瓦《れんが》造りの建物があります。ここは、一九九八（平成10）年まで「自衛隊大阪地方連絡部」でした。

天守閣へ登るスロープの石垣には、B29の空襲による機銃掃射の弾痕が、いまも生々しく残ってます。その近くには『旧中部軍第35航空情報隊女子防空通信手有志・真心碑』もあります。城内にある『豊国神社』の近くに『大阪衛戍《えいじゅ》監獄（後の「陸軍刑務所」）跡』があって、ここに反戦川柳作家・鶴彬《つるあきら》が一九三二年から一年八ヵ月収監されてましたんや。こうやって見てくると、大阪城が戦跡以外なにものでもないこと、おわかりいただけますか？

再建天守閣は奇跡的に空襲を免れて、現在に至るまで存続してます。いつからか不気味なライトアップがされて、毎夜毎夜、大阪の夜空におどろおどろしく浮き出て来よりまんねん……。

## ●今もここに「教育勅語」が…なんで？

大阪城天守閣の再建とともに新築されたのが『陸軍第四師団司令部庁舎』でした。大阪市が清水組に発注して、国（軍）に寄贈したんです。建設費八〇万円の財源が「市民の浄財（募金）」であったことは、二言を要しません。

**陸軍第四師団司令部**は『天皇行在所《あんざいしょ》（宿泊所）』でもありました。大元帥閣下《だいげんすいかっか》がお泊まりにな

元・大阪市立博物館＝旧・第四師団司令部

るこの建物は、鉄道唱歌にも「三府の一に位して／商業繁華の大阪市／豊太閤の築きたる／城に師団は置かれたり」と歌われましてんで。建物の屋上には、銃眼（弓矢や銃を構えるために城壁等に備えられた小さな窓）があって、外観は左右対称のロマネスク様式、否が応でも威容を顕示してます。

戦災を受けず、敗戦後はGHQによって接収され、返還後は大阪市警視庁本部、大阪府警察本部の庁舎として利用されました。大阪府警が大手前に移転した後、一九六〇年から『大阪市立博物館』となり、二〇〇一年、大阪歴史博物館の開館に伴って閉館しました。今は「戦跡施設」として公園内に残ってます。この建物は、さすがに「壊す」とはいいよりまへんなぁ。

師団司令部跡から北に歩いて天守閣へ向かいますと、周囲に土産物屋や茶店がたくさん並んでます。天守閣に向かって左、お店の裏に隠れて見えませんが、どういうわけか『教育勅語の碑』が撤去されずに、あるんです。

この碑の建立も一九三一（昭和6）年で、天守閣再建、師団司令部新築と同年。この年、「満州事変」がおこり、日本は〝十五年戦争〟へ突入、破滅の道へと突き進んでいきます。碑には「教育勅語渙發《かんぱつ》四拾周年記念」と大きく彫られていて、設置者の思惑とは裏腹にも「一九三一年」の歴史的意味を今に訴えてますな。

天皇のために命を投げ出すことが最も貴いのだと教えた**教育勅語**は、戦後、その失効が国会で決議されました。

「民主平和国家として世界史的建設途上にあるわが国の現実は、その精神内容において未だ決定的な民主化を確認するを得ないのは遺憾である。これが徹底に最も緊要なことは教育基本法に則り、教育の革新と振興とをはかることにある。しかるに既に過去の文書となっている教育勅語並びに陸海軍軍人に賜わりたる勅諭《ちょくゆ》その他の教育に関する諸詔勅《しょうちょく》が、今日もなお国民道徳の指導原理としての性格を持続しているかの如く誤解されるのは、従来の行政上の措置が不十分であったがためである。／思うに、これらの詔勅の根本理念が主権在君並びに神話的国体観に基いている事実は、明かに基本的人権を損い、且つ国際信義に対して疑点を残すもととなる。よって憲法第98条の本旨に従い、ここに衆議院は院議を以て、これらの詔勅を排除し、その指導原理的性格を認めないことを宣言する。政府は直ちにこれらの詔勅の謄本《とうほん》を回収し、排除の措置を完了すべきである。右決議する。」

（『教育勅語等排除に関する決議』昭和23年6月19日）

だから、どういう経緯でこの「碑」は残ったんでっしゃろ？「これは歴史の反面教師です。戦争反対と人権尊重のための教材として、あえて残します」てな文言も解説には、もちろんおまへん。侵略戦争の原動拠点であった**大阪砲兵工廠**は無きモノにして教育勅語は生かす……まさに、好対照ですな。意図が、見え見えで……。

本当は　教えたくない　このお店

## 喫茶軽食『鐘』

大阪城公園駅の出口を出て、大陸橋を渡らずに右（北）の階段を下ります。そのまま少し歩いて「弁天橋」を渡ると、右手に『鐘』の大きな看板が見える。屋根の上、というても『鐘』のプレハブ店舗は低い位置に建ってますから「目線より少し上」に見えるんですけど、〝工事用の黄色い作業灯〟が点灯して廻ってたら「営業中」、消えてたら「準備中か休業」。環状線の線路の下をくぐる階段を下りてください。そこが入り口です。

朝は早くから「モーニングサービス」で憩えます。昼食時は満席になってごった返します。三時半頃には閉店しますから、ご来店の際にはご注意を。海老フライ、とんかつ、唐揚げ、玉子焼き、焼き魚などの定食類は、小鉢ものが二、三とコーヒーが付いて七〇〇円〜。オムライス七〇〇円、カレーうどん六〇〇円等々、とにかく量が多いのは「労働者の店」やからです。

お母さんが厨房で料理、娘さんはウエイトレス。二人の息もピッタリで「お母ちゃん、〇〇やでぇ〜」の声は、すぐ横を通る電車の音に勝ってます。

『鐘』を出て、ガード下を東にくぐれば鴫野《しぎの》西二丁目。この界隈は道向こう（西側）の**ビジネスパーク**とはまったく趣を異にして、再開発を免れた昔の風情を今に伝えてくれてます。「アパッチ族」の雰囲気と名残が看て取れる興味深い佇まいを眺めながら、河沿いに歩いて行くと『大阪農民会館』があります。

毎週土曜日の午前中に、大阪府産の「野菜・花・加工品」の直売やってまんねん。「新鮮」「安全」「旬の味」がモットー、大阪の農業を守り育てようっちゅう意気込みですわ。

「大阪と農業」って、なかなか結びつきまへんやろ……拍手!!

## ●「ピースおおさか」を応援してください！

**森ノ宮駅**を降りて交差点を西へ渡り、大阪城公園の正面入口を過ぎて坂道を登っていくと、右手に『ピースおおさか』［中央区大阪城2―1］が見えてきます。ここは『砲兵工廠診療所』の跡です。**ピースおおさか**は愛称で、ほんまは『大阪国際平和センター』が正式名称でんねん。

一〇年間の準備期間を経て一九九一年に開館した時、設立委員の故・勝部元さん（桃山学院大学教授）が「広島の平和資料館は〈戦争の被害〉を、大阪の平和資料館は〈戦争の加害〉を展示するのだ」と力強く語っておられたことを、今もはっきりと記憶してます。

「第二次世界大戦末期、大阪は五〇回を超えるアメリカ軍の空襲により一面の焼け野原になり、大きな被害を生じました。大阪だけではなく、原爆が落とされた広島や長崎、地上戦の行われた沖縄をはじめ、たくさんの日本国民が尊い命を失い、傷つきました。そして、私たちが決して忘れてはならないことは、この戦争で戦場となった中国をはじめ、アジア・太平洋地域の国々や、日本の植民地であった韓国・朝鮮、台湾の人たちにも非常に大きな犠牲を払わせたことです。

この戦争が終わって六〇年以上たちますが、世界各地で地域紛争が頻発し、環境破壊、貧困、飢餓など、さまざまなかたちで平和が脅かされています。また、核兵器の存在や新たな軍事兵器の開発は、人類を滅亡させる危険をはらんでいます。

空襲や戦争を体験した人々の高齢化が進む今日、戦争の悲惨さや平和の尊さを語り合い、若い人たちに伝えていくことがますます大切になってきています。

ピースおおさかでは、戦争と平和に関する多くの資料を収集・保存・展示するとともに、セミナー・講演会など学習と交流の場を提供することによって、世界平和の実現に貢献できることを願っています。」

このように『ピースおおさか』の趣旨は、きっぱり・はっきり・すっきりしてます。

展示室は「A」「B」「C」「特別」と別れてて、それぞれのテーマで「戦争と平和」を解説・展示してます。展示もさることながら「大阪空襲死没者名簿」作りが、市民参加型の平和活動として綿々と続けられていることが、大きな特徴でしょうな。二〇〇九年現在、八九八〇名が判明してます。判明した「大阪空襲死没者名簿」（氏名、年齢、性別）は、非公開分を除いて「展示室

「ピースおおさか」入り口

Ａ」で展示し、「刻《とき》の庭（大阪空襲死没者を追悼し平和を祈念する場）」のドーム内壁の銅板には、名簿をもとに犠牲者の名前が刻まれてます。まさしく「刻《とき》が刻《きざ》まれ」てるんですね。それから、「大阪城周辺の歴史・史跡と戦跡を訪ねる」フィールドワークもできますから、時間があったら、ぜひ！

　ところが、最近では「展示内容に問題がある」「先の大戦は侵略戦争ではなかった」という主張を掲げて、『ピースおおさか』を非難・攻撃する輩《やから》が増えよったんです。その煽《あお》りを受けて、展示内容の変更を余儀なくされたり、戦争を美化する映画の上映会に使われたりしたことも、おます。僕の先輩である野口英世さん（元・館長）は、そんな事情で病に倒れてしもたくらいです。ほんま、腹の立つ……。けど、そんな脅しや無理強いに屈するわけにはいきまへん。一人でも多くの人々がここを訪れ、施設維持と展示内容を豊富にしていくことが、最良の反撃方法とちゃいますか？　浪花のド根性は、右翼ごときにゃ負けまへんで――。

ぜひ、『ピースおおさか』に来てください。祈りと慰霊の場でもある「刻の庭」に流れる鐘の音を聴きながら、過去・現在・未来に、しばし思いを馳せてみませんか。

## ●「教育塔」立派すぎます

『ピースおおさか』から、公園の敷地に沿ってそのまま西へ坂道を登ると、馬場町の交差点に出ます。ＮＨＫ大阪放送局は、もともと交差点の北東にありましたが、今は北西に移転、『大阪歴史博物館』と併設されて、とても立派な建物になりました。ＮＨＫ大阪のコールサインはＪＯＢＫやから、漫才のネタで「(Ｊ) ジャパン・(Ｏ) 大阪・(Ｂ) 馬場町・(Ｋ) 角の意味や」てなことを、よう言うてましたな。ちなみに、今も東京はＪＯＡＫ、名古屋がＪＯＣＫ、そして植民地朝鮮の京城（現・ソウル）放送局はＪＯＤＫ、でしてんで。

馬場町交差点の北東から大阪城公園に入ると、**教育塔**が聳《そび》えてます。この塔は、一九三四（昭和9）年の室戸《むろと》台風で犠牲となった児童・生徒・教職員の慰霊のために「帝国教育会」（戦前の代表的な教育団体）が建設を決定し、全国の教育関係者、児童、生徒、教職員、一般有志から三二万円を超える寄付が寄せられて、一九三六年、この場所に建てられました。今も、学校や幼稚園の教育時間中・活動中（通学途中含む）に、また人命救助や不慮の災害によって亡くなった人々を、宗教・国籍に関係なく合葬しています。

塔の高さは三〇メートル、面積は三三三平方メートルと大きく、外側は白い花崗岩の作りで、内部には塔心室と芳名室があります。完成した年の一〇月三〇日に除幕式と第一回「教育祭」が行われました。それから今に至るまで、毎年同日の「教育祭」で合葬者が加えられてきました。戦後、この事業は帝国教育会から日本教職員組合（日教組）に引き継がれて、現在に至っています。

碑の台座部分には、向かって左側に「大風水害で子どもを守る教師」、右側に「校長先生が訓書を清読する」場面が刻まれています。「右側のレリーフは教育勅語を読んでる場面だ」、あるいは「教育祭の実施日は教育勅語発布の日だから、慰霊に相応《ふさわ》しくない」という批判もあります。けど、こういった大切な儀式を「お上」に任せることなく、当事者が継いで行っている、しかも無宗教で――このことの方が大切やと、僕には思えるんですけど、どないでしょう?

実はこの辺、僕のジョギング・コースでんねん。「弔う」「悼む」「慰める」ことが、戦争を肯定する心情をつくらんように、なんて思いながら走ってます。ともかく、塔

大空を突いて聳え立つ「教育塔」

は、ちょっと立派すぎまんな。もっと慎ましい方が「慰霊」の意味は深まると思います、はい。

## ●大村益次郎の碑と「またも負けたか、八連隊」

馬場町交差点から南へ、法円坂交差点を越えると『国立病院機構・大阪医療センター』があります。昨今、公立の施設の名称がいろいろ変わってしもて、「大阪医療センター」ていわれたら「新しい病院かいな?」と思うんですが、何のこっちゃない「国立大阪病院」でんがな。それでエエのとちゃいまんの? ぼやきたなりまっせ。

「国立大阪病院」は『旧大阪陸軍病院』で、河内長野にありましたが、一九四七(昭和22)年にここへ移転してきたんです。もともと、この敷地は「歩兵第37連隊」の跡地ですわ。

病院の南端角に『兵部大輔 大村益次郎卿 殉難報国之碑』[中央区上本町1]が立ってまんねん。「兵部《ひょうぶ》」は、今でいうたら、さしずめ「防衛省」でしょうな。明治維新の王政復古で「征夷大将軍」が廃止されて、軍事防衛を司《つかさど》る機関として改編されたのが「兵部」です。「防衛大臣」に相当する「兵部卿」の下で、次官である「大輔《たいふ》」が実務を執行しました。明治五年に兵部省が廃止されて、陸軍省と海軍省ができる、というわけです。大村益次郎の銅像は東京の靖国神社にもおます(「東京砲兵工廠」製)けど、銅像の下に刻まれた「兵部大輔」はVise President Of War(戦争副総裁)と英訳されています。初めて見た時、その直截的な名訳に、思わず笑っちゃった。

**殉難報国之碑**は、高さ約一二メートル、碑の右側には人物像、左側には碑文が彫られてます。両側には「発起人並賛同者氏名」があって、建立は、益次郎七〇回忌の一九四〇（昭和15）年。「碑文」によると、「明治二年九月四日京都ニ於テ刺客ノ難ニ遭ヒ後大阪病院ニ於テ右大腿部切断ノ手術ヲ受」けました。その二ヵ月後、益次郎は四六歳でこの世を去ります。発起・賛同人の中に「松岡洋右、松下幸之助、鴻池《こうのいけ》善右衛門、小林一三」等が名を連ねていて、まさに「戦争賛同」人のオンパレード。

大阪は「日本陸軍」発祥の地で、「適塾」出身の大村益次郎はその中心人物でした。明治新政府は大阪城を中心に軍事施設を整備拡大し、大阪城は「明治維新」から「昭和の敗戦」に至るまで、「大阪鎮台《ちんだい》」→「陸軍本営」→「第四師団司令部（中部軍司令部）」と変遷したんです。真珠湾攻撃の前年にこの碑が建立されている事実は、軍都大阪の、また一つの象徴といえまんな。

この碑が建てられた年に「紀元二六〇〇年」行事が全国で繰り広げられました。**紀元二千六百年の歌**は、高らかに、こう歌います。

♪金鵄《きんし》輝く日本の　栄えある光　身に受けて
　今こそ祝え　この朝《あした》　紀元は二千六百年
　あゝ　一億の　胸はなる

この「一億」には、現・日本列島だけではなく、樺太（現・サハリン）の南半分と沖縄、そして台湾と朝鮮が含まれていることを、忘れたらあきまへんで。

さて、「国立大阪病院」の東向かい側には**難波宮跡**があって、公園として美しく整備されてますが、ここも、もともとは**歩兵八連隊**のあった場所です。『歩兵八連隊跡』［中央区法円坂1］の石碑は、厚さ一・五メートル、長さ三・五メートル、推定三〇トンという巨岩です。碑文には——

紀元 2600 年記念「大村益次郎殉難報国碑」

「歩兵第八連隊」碑

「歩兵八聯隊は　明治七年五月十四日創設　同年十二月十八日天皇より軍旗を親授せられ
萩の乱　西南の役　日清戦争　日露戦争　支那事変　日独戦争　大東亜戦争等に参加
七十有余年にわたり　国土の防衛に任じた」

と刻まれてます。この碑は「歩八会」という団体が建てたんですが、碑文を上町筋側から見えないように竹の柵で隠してたんですけど、このごろは、堂々と顕示してまんな。時代の流れ（逆流）を感じてしまいます。

戦前「またも負けたか八連隊、それでは勲章くれんたい」と、大阪の庶民は囃《はや》し立てたそうです。八連隊は弱かった、しゃぁから、こんな巨岩で威張ってみたかったんやねぇ。

本当は　教えたくない　このお店

## 立ち呑み『オカムロ』（岡室商店）

森ノ宮駅の改札を出て、中央大通りに沿って右（東）へ二〇歩、正統派・酒屋の立ち呑み屋『オカムロ』があります。アサヒスーパードライの大瓶が三九〇円、小瓶は二五〇円。さすが、酒屋直営の立ち呑み屋は安い。酒・焼酎・ウィスキー・ワイン・ハイボール・酎ハイ、なんでもござれ……当たり前ですね、ここは本来が「酒屋」でっさかいに——。

何といっても小鉢もの（一五〇円～）が豊富で、辣韮《らっきょう》、はんぺん、たこ酢、グリーンピース、里芋、きずし（酢鯖）、ウニクラゲ、キムチ、なすびの辛子漬け、塩から、豆もやし、鯛の子、たらこ等々、枚挙に暇がありません。おかき、スルメ、落花生、チーズなどの乾き物、湯豆腐、おでん……「無いもんはステーキと寿司ぐらいか」と冗談を言いたくなるほどズラリ揃って、文字通り〝正統派（authentic）〟の面目躍如。

これだけ仕込むのに、どれだけの手間暇がかかるか、実に有り難い気持ちになります。開店後、しばらくすると名物の天ぷらが、揚げたてで運ばれてきます。こちらも、各種九〇円という安さ。昼間は常連の高齢者が多く、「〇〇の通所施設はいい」「□□の弁当は薄味」「こんど会館で△△がある」など、各人が生活上のさまざまな情報交換をされているのが微笑ましいですね。夕方ともなれば、仕事帰りの人々でごった返す。店員五人の息もピッタリで、てきぱきと働く姿を見ているだけでも心が和みます。日本全国、こんな店と商売の仕方が当たり前だっただろうに、いつの間にか〈呑む〉ことすら規格化されてしまいました。

『オカムロ』で〈呑む自由〉を奪還しようではありませんか！

**●島根県やおまへん、玉造温泉と「笑魂碑」**

玉造《たまつくり》は中央区と天王寺《てんのうじ》区に住所表示が跨《またが》ってまんねん。駅の北西は「中央区玉造」、南西は「天王寺区玉造元町と玉造本町」。隣接するかなり広い地域、たとえば東成区の「中道」「玉津」とかも玉造界隈に含められます。古代、この地に居住して勾玉《まがたま》などを製作していた〝玉造部〟が地名の由来やそうですな。玉造界隈には公立・私立の「名門校・進学校」が集まってましてな、地元は「文教地区」を自他ともに認めてます。朝夕のラッシュ時、駅前はたくさんの生徒・学生さんで賑わいます。

玉造交差点の北西に『玉造温泉』［中央区玉造1―12―7］がありますが、ここは早朝五時からの朝風呂を何十年と続けている老舗《しにせ》で、大相撲大阪場所の期間中、朝稽古を終えた力士たちが

▲毎日が朝風呂「玉造温泉」
（6:00am ～ 3:00am）

◀歴史の宝庫「玉造稲荷神社」

まわし姿のままやってくる様は、春の風物詩。玄関には大きな金《かな》盥《だらい》が置いてあって、そこで足を洗って入浴しはります。

**玉造温泉**から北東側に『森下仁丹』本社が位置してまして、そこを右手に見ながら西の方へ、少し坂道を登ると『玉造稲荷神社』［中央区玉造2―3―8］があります。紀元前一二年に創建されたと「社伝」にはありますが、蘇我《そが》氏と物部《もののべ》氏の戦いに関連する伝承によるもので、科学的根拠には乏しいですけどね。大坂夏の陣（一六一五年）で社殿は焼失、江戸時代になって再建されました。元は『豊津稲荷社』と称して、豊臣・徳川時代は大坂城の鎮守とされ、江戸時代には伊勢参りの出発点でした。境内には、そういった解説碑やさまざまな説明版が仰山《ぎょうさん》おまして、歴史オタクにはたまらん場所です。

その中で、見落としてはならないのが『秋田實《みのる》笑魂碑』です。碑には「笑いを大切に／怒ってよくなるのは／猫の背中の曲線だけ」と彫られてあります。秋田實（一九〇五～七七年）は玉造の出身で、戦前・戦後を通じて活躍した漫才作家。東京帝国大学時代は、戦前の共産党とその系列団体の指導者・活動家を多く輩出した「新人会」のメンバーでもありました。「しゃべくり漫才の元祖」エンタツ・アチャコとの出会いをきっかけに、漫才の台本製作や寄席番組の構成等を数多く手がけた、いわば〝近代漫才の父〟です。戦争中、軍部から「戦意高揚漫才」を作れと命じられましたが、力が入らず、まったく面白くない作品ばかりをわざと書いていたという逸話は有名です（藤田富美恵編『戦争と漫才』『玉造・日の出通り・三光館』）。

笑いを大切に「秋田實笑魂碑」

駅前にある**日之出商店街**には、戦前、有名な『三光館』はじめ、たくさんの寄席、芝居小屋、映画館などがあって大いに賑わいました。この界隈に住んだ芸人も多く、稲荷神社は〝ネタ繰り〟の、恰好の稽古場やったそうです。そんな縁で、**笑魂碑**が一九七八（昭和53）年に建立されたんです。

朝風呂に入って笑魂碑の前で笑えば、必ず御利益《ごりやく》がおまっせぇ〜。

## ●無数の墓標が林立する「真田山陸軍墓地」

玉造交差点を西へ渡って「玉造筋」を南（左）へ、二本目の角を西（右）に入ると、左手に『宰相山西公園』があります。公園の背後（南側）は、小高い丘になってます。この丘を**宰相**

山ていいまんねんけど、一六一四（慶長19）年「大坂冬の陣」で加賀宰相・前田利常がこの付近に布陣したのが、その由来ですわ。また、真田幸村も「出丸」を築いたことから真田山ともいいまんねん。この界隈は上町台地の東側に位置していて、公園とお寺と坂道だらけの、落ち着いた風情が広がってます。

公園内にある三光神社には、幸村の銅像と『史跡・真田の抜け穴』がありますが、もちろん、幸村勢が大坂城までこの穴を通って行き来した……という科学的根拠は、おまへん！　だいたい、穴が貫通しているかどうかもわからんのですからな、「史跡」の表示を見たら笑いまひょ。

宰相山西公園の東に隣接するのが『真田山陸軍墓地』［天王寺区玉造本町14］です。現在、行政的には「公園」であって「墓地」ではなく、正式名称は『大阪市真田山公園事務所管轄地・旧陸軍墓地』というわけです。墓地であって墓地でない……その辺の事情を辿《たど》ってみましょうか。

一八七七（明治10）年の地図に「招魂社」の記載が見られますから、おそらく、これが陸軍墓地の発祥と思われます。広大な四五五〇坪の古戦場跡に、五三〇〇基以上の墓碑と四万三〇〇〇柱余りを収めた納骨堂があって、一八七三（明治6）年の「徴兵令」以前に属する士官・兵士、そして「西南戦争」、日清・日露戦争から太平洋戦争に至るまでの兵士や戦没者が祀られてます。

通常、一度にこれだけ多くの「死」、しかも時系列に沿ってその表象を目の当たりにすることは、皆無でしょうね。東京・九段の「靖国神社」が〝慰霊の総本家〟みたいなツラしてまっけど、真田山陸軍墓地のド迫力に比べたら、ショボいもんでっせ。

西南戦争（一八七七年）は、徴兵制度確立後初の内戦でした。陸軍の後方基地が大阪鎮台《ちんだい》（大阪城）でしたから、多数の傷病兵が大阪に後送されました。陸軍臨時病院などで死亡した人々、また、戦争が終わって帰省中にコレラなどで病死した人々もこの墓地に葬られてます。当然ですけど、墓標には「西南戦争」ではなく鹿児島県賊徒征討之役と刻まれてます。当時は、そんなふうに呼称してたことを墓標が教えてくれます。また、軍事物資の輸送や下働きとして雇われた「軍役夫」たち、日清戦争や第一次世界大戦で捕虜となった中国人・ドイツ人の病死者の墓標も見られます。

日本の敗戦までは陸軍の所轄で、常に衛兵が配置されて、遺族か特別な関係者の出入りだけが許されていたほど管理が厳重でした。今も、北と東の入り口に「境界査定標・陸軍省」の石柱が残っています。

軍隊と国家神道が解体された戦後、国家が直接的に祭祀や軍人墓地の維持をするのは憲法に違反する事項となりました。一九四七（昭和22）年に大蔵・内務両次官通牒《つうちょう》が出されて、「旧軍墓地の維持管理は都道府県又は市町村の宗教団体、遺族会において行うものとし、祭祀は宗教団体、遺族会等において行うものとする」とされたのを機に(財)大阪靖国霊場維持会がつくられました。現在も毎年秋に『本門仏立宗・清風寺』による法要が営まれています。

北側の正門から「墓地」に入ると左側に、四角柱尖塔型の墓標が、ずらりと二列横隊で並んでいます。総数七五〇基あまり、これらは日清戦争の軍役夫の墓で、氏名・出身地はもちろん、軍

真田山陸軍墓地の日清戦争の「軍属」の墓標群

陸軍省所轄の碑

境界査定標

◀「鹿児島県賊徒征討之役」と刻まれた墓標

役人夫、馬丁、軍役石工、職工、陸軍看護人、酒保請負人、通信員、小蒸気船乗員、陸軍省雇員、〇〇丸水夫など、戦死した時の仕事や、どこでどのようにして亡くなったかなど、克明に刻印されてます。戦没地は「基隆《キールン》」「営口」など台湾や、「朝鮮国〇〇」といった地名が多く、日清戦争の規模の大きさが伺えます。「獨逸人《ドイツ》」や「清国人」の墓にはセメントで固めた跡があって、「俘《ふ》虜《りょ》」と刻まれていたらしいということですが、今となっては確かめようがおまへんなぁ……。

墓標は砂岩で作られたものが多く、摩耗や損傷が激しく倒壊したままのものもあります。遺族が新たに作り直した墓石も少なくありませんが、全体としては風化の一途を辿ってます。

陸軍墓地を、なんでちゃんと保存・管理しまへんのやろ？　僕は不思議でなりませんねん。戦争の歴史を物語る無数の墓標と墓石、その横では、子どもらが無邪気に「公園」で遊んでる――これも、大阪の、大阪らしい風景の一つやろか……。宰相（真田）山には、恨みの風がいっつも吹いてます。

## ●往時ヲ語ルモノ無シ…日之出通商店街界隈

玉造駅は、環状線の前身・国鉄城東線が開通した時の始発駅でした。その後、大阪市営電気鉄道（市電）の「玉造」駅も隣接して、毎日、大勢の乗降客で賑わいました。ちなみに、大阪市電は、公営電鉄としては日本で最初の開業（一九〇三年）で、政令指定都市で市電全廃を断行したた（一九六九年）のも、最初でした。大阪のイラチ（せっかち）気質がなせるワザでっしゃろか？

あ〜ぁ、市電をちょっとでも残しといたらね、今ごろ観光名物になってたものを……。

駅の西側、玉造交差点の東南角から斜めに延びる商店街が日之出通商店街です。鶴橋方面に向かって長さ五〇〇メートル、道幅四メートルのこぢんまりした通りですが、朝から夕方まで、買い物客の賑わいが絶えません。夜になると居酒屋やショットバーが〝ぽつ、ぽつ〟と灯《と》りを点《とも》して、ちょっと妖しい雰囲気にもなります。ここは、どういうわけかスポーツや芸能関係に縁のある地でしてね、岡田監督（元・阪神、現・オリックス）の生家は玉造温泉の近くですし、商店街入り口近くの市場の花屋さんは横浜DeNAベイスターズ・三浦大輔選手のご両親のお店です。『大阪学』の著者・大谷晃一さんや演出家&エッセイストのわかぎゑふさんもこの町の出身。故・中島らもさんの事務所は、商店街入り口東側のビルにありました。

アングラ芝居（ってもう死語でしょうか？　いやいや、大阪ではしっかり生きてまっせ）の役者たちが集うねぎや、映画好きのたまり場で僕の拠点でもある風まかせ人まかせ、関東煮《かんとうだき》（「おでん」とちゃうねん！）の老舗きくや、和食の庶民的殿堂やすきよ、店内に防空壕が残ったままのなるとや等々、〝濃いぃ〜店〟の枚挙には暇《いとま》がありません。

昔、この短い商店街に、寄席の『三光館』と映画館が三軒（玉造座、朝日座、ヤマト館）もありました。近代漫才の祖である横山エンタツ・花菱アチャコが初舞台を踏んだのが三光館で、夢路いとし・喜味こいしの「子ども漫才」も大人気を博しました。大空襲で砲兵工廠が廃墟となった敗戦直後、隣の鶴橋が闇市で活況になって、玉造の灯は完全に消えてしもた……歴史の皮肉でんなぁ。

商店街の北入口から東へ少し歩くと『二軒茶屋跡』『玉造名所／二軒茶屋／石橋／旧跡』の二つの碑が並んでいて、その少し先の玉造駅東商店街入り口に『暗越《くらがりごえ》奈良街道』の石碑があります。**二軒茶屋**とは、街道を挟んであった『つる屋』『ます屋』のことで、大坂から暗越奈良街道を通って奈良・伊勢方面へ旅立つ人々が、この茶屋で家族や友人と別れを惜しんだのでした。**暗**

「日之出通商店街」南口

「二軒茶屋跡」碑

「暗越奈良街道」碑

**越奈良街道**は、高麗橋《こうらいばし》を起点として生駒山《いこまさん》の暗峠《くらがりとうげ》を越えて奈良から伊勢へと通じる街道で、江戸時代中期、お伊勢参りなどで一日に七～八万人が通行したそうです。井原西鶴の『世間胸算用』に**暗峠**が登場しますし、松尾芭蕉は「菊の香に くらがり登る 節句哉」と詠みました。

明治の中頃から敗戦前まで、玉造が「東」の繁華街として賑わった時代の雰囲気を今に伝えるものは、今はもう、何もありません。

本当は 教えたくない このお店

## 洋食『三養軒』

駅の東側、**二軒茶屋**の碑を過ぎてもう少し歩くと、玉造駅東商店街の細い路地があります。そこを入ってすぐの所、年季が入った赤い暖簾が『三養軒』と染め抜かれているのがわかります。店の前の陳列ケースが圧倒的な存在感を醸《かも》し出していて、店内に入ると「皆様に愛されて九十余年 三養軒」のコピーが、お出迎え。かなりご年配のご主人と奥さん、二人でお店を切り盛りしてはります。聞けば、ご主人は、兄と姉の三人兄弟の末っ子で、この店の二代目。本当は長男が店を継ぐはずだったのに、戦死したために年の離れた次男であるご主人が、戦後になって店を継いだのだとか。

とにかく、美味い・安い・量おおい！　うどん・そば二〇〇円、きつねうどん二七〇円、ラーメン三二〇円、オムライス四五〇円、カツカレー五七〇円、等々。ランチの内容たるや、特大エビフライにトンカツ、サラダにハムエッグ、デミグラスソースたっぷりのハンバーグ、それに、エノキと昆布が入ったスープと、もちろんご飯、これで七〇〇円。

「兄貴はとられるし、戦争でみなワヤになってもたけど、親爺がこの店を残してくれたお陰で生きてこられた。このごろ見てたら、また、しょうもないことやらかしそうやな、この国は」とは、ご主人の口癖。

超老舗の洋食屋さんは、戦前の玉造の賑わいを知る数少ない生き証人でもあります。

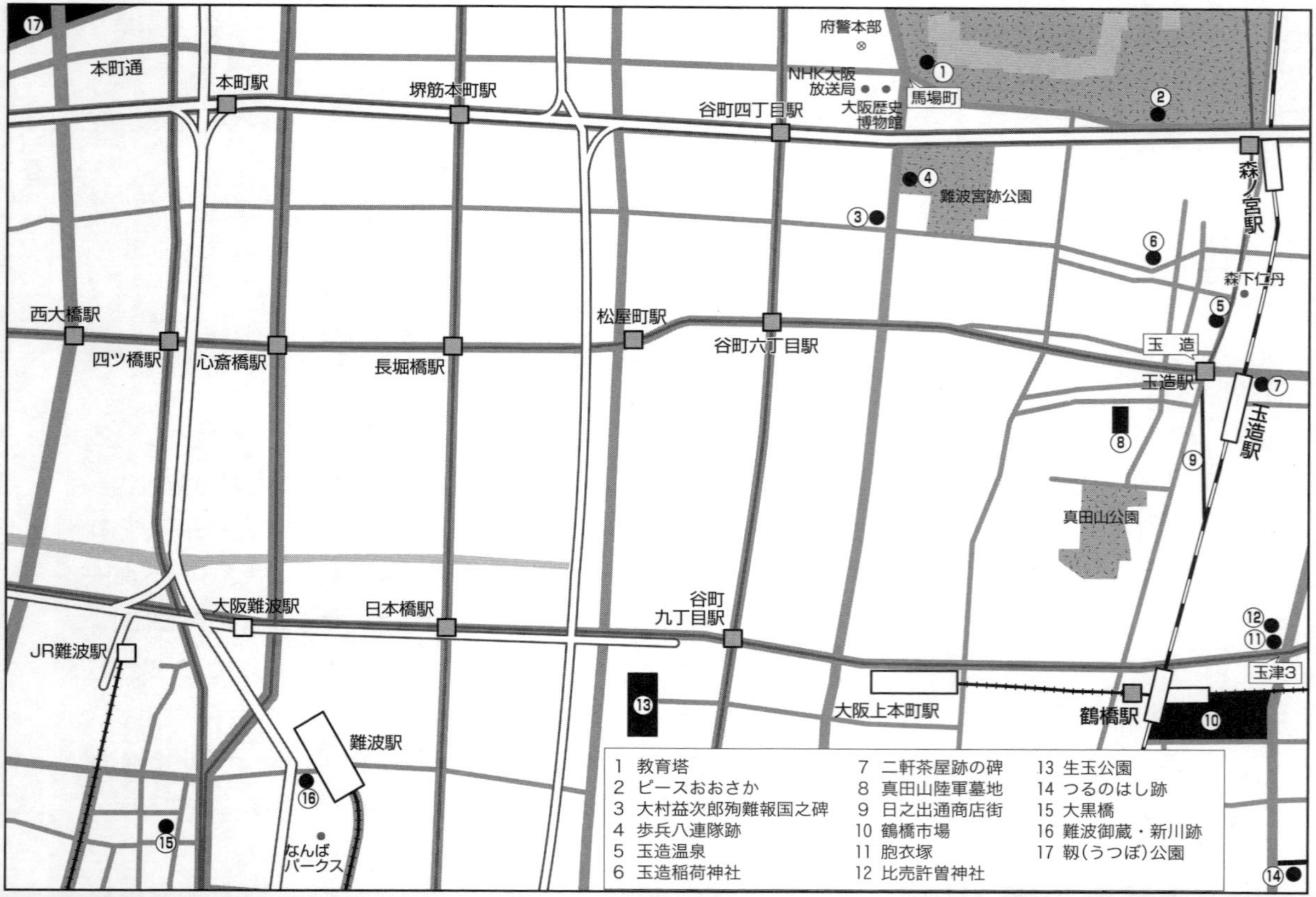

本町通
本町駅
堺筋本町駅
谷町四丁目駅
府警本部
NHK大阪
放送局
大阪歴史
博物館
馬場町
難波宮跡公園
森ノ宮駅
森下仁丹
西大橋駅
四ツ橋駅
心斎橋駅
長堀橋駅
松屋町駅
谷町六丁目駅
玉造
玉造駅
玉造駅
真田山公園
大阪難波駅
日本橋駅
谷町
九丁目駅
JR難波駅
難波駅
なんば
パークス
大阪上本町駅
鶴橋駅
玉津3
1 教育塔
2 ピースおおさか
3 大村益次郎殉難報国之碑
4 歩兵八連隊跡
5 玉造温泉
6 玉造稲荷神社
7 二軒茶屋跡の碑
8 真田山陸軍墓地
9 日之出通商店街
10 鶴橋市場
11 胞衣塚
12 比売許曽神社
13 生玉公園
14 つるのはし跡
15 大黒橋
16 難波御蔵・新川跡
17 靭(うつぼ)公園

## ●人気急上昇の鶴橋市場、鮮魚列車に乗りなはれ

ＪＲと近鉄、両方の鶴橋駅から徒歩〇分、**鶴橋市場**は巨大なエスニック・エリアでおます。この「市場群」は、「1．近鉄鶴橋卸売市場」「2．大阪鶴橋鮮魚卸売市場」「3．鶴橋卸売市場」「4．高麗市場」「5．その他の周辺店舗」から成り立ってまんねん。さらに、市場の中央からは、南に約五〇〇メートルの**鶴橋本通り商店街**が延びてます。

鶴橋市場の区画は、今もほぼ敗戦直後当時のままで、何といっても**戦後闇市跡**の雰囲気が色濃く残っているのが特徴ですわ。建物疎開の跡地に、布・食べ物・石けんなどを、日常必需品を売る店ができはじめて、日本人だけでやのうて、朝鮮半島や台湾・中国の出身者も店を出し、それが「闇市」になっていったわけです。今も「国際マーケット」の異名があるんですが、それは、戦争が終わって始まった「生活を守る闘い」に由来してまんねん。

ところで、「疎開」という言葉も、だんだん死語になりつつありまんな。「学童疎開」が単独で疎開と使用される場合が多いんですけど、**疎開**(evacuation)とはもともと軍隊用語で、集団行動している兵を散らして攻撃目標となり難い状況をつくる作戦のことです。日本では、第二次世界大戦中に、非戦闘員や産業を戦禍から守る政策を指すようになりました。建物疎開の場合、行政機関が候補を選定し、選ばれた家屋は強制的に取り壊されました。「本土決戦」に備えて、日本全国で約六一万戸の建物が除却されてます。ちなみに、鶴橋駅東、南北に延びる道路『豊里矢田線』は、今も通称**疎開道路**の方が通りがよろしおます。

「闇市」では、警察の取り締まりはもちろん、ヤクザ同士の抗争も頻繁に起こりました。今に語り継がれる戦後最大の愚連隊『明友会』の若者たちも、この鶴橋の闇市や、隣の近鉄・布施駅周辺を舞台にしのぎを削ったんです。**明友会**は、戦後、生野区周辺や大阪のミナミを中心に勢力を拡大した愚連隊の連合体のような組織で、構成員は六〇〇名以上、その大半は韓国人・朝鮮人でした。一九六〇年に山口組との抗争(明友会事件)を引き起こし、会長・姜昌興《カンチャンフン》ら幹部一五人が指を詰めて「手打ち」した後に抗争は終結、同会は壊滅。黄民基《ファンミンギ》『奴らが哭くまえに/猪飼野少年愚連隊』(筑摩書房/幻冬舎アウトロー文庫)はその生々しい証言集でもあり、この事件を題材にした映画『実録外伝　大阪電撃作戦』(中島貞夫・監督、松方弘樹・主演/東映)では、実際の鶴橋市場がロケに使われてます。

「鮮魚」行き…ではありません。

鶴橋の商店街は「ガード下」

一九五〇年代後半、**近鉄**の複々線化工事が終わったころから韓国の食材などを扱う店が増え始めて、『七〇年大阪万博』ごろまでに、現在の〝住み分け〟が出来たようですね。そして、『八八年ソウルオリンピック』を契機にマスコミでも数多く取り上げられるようになって、今や「大阪ガイドブック」の類には必ず載るようになりました。ただし、「闇市」の成り立ちとその歴史や、時にはいがみ合い、ある時は助け合いながら、この市場をつくってきた経緯は、いっさい語られてませんけど……。

話は変わりますが、近鉄の**鮮魚列車**をご存じですか？　これは『伊勢志摩魚行商組合連合会』のための団体専用列車で、一日一便だけ運行してます。三両編成の列車に行商人たちが乗り込み、早朝に宇治山田駅を出て、伊勢市、松阪などを通過して鶴橋駅にやってきます。また、鶴橋で魚介類を仕入れた人々が乗る**鮮魚指定列車**も、一日数本出てまして、こちらは、普通列車の一両だけが指定されています。助け合いの精神は、こんな所にも生きてまんねんで。

鶴橋市場に行けば、衣・食・住のすべてが揃い、生活に必要なものはすべて買えます。そのエネルギー源は、戦禍をかいくぐり、時代の波に翻弄されながらも力強く生きてきた多国籍・多文化の「ごった煮」パワーなんですわ。「浪花の元気印」……てな謳《うた》い文句は、鶴橋抜きに、ありえまへん！

## ●コリアタウンへ続く「比売許曽《ひめこそ》神社」

鶴橋駅から東へ三〇〇メートル、疎開道路「玉津3丁目」の北西角に『胞衣塚《えなづか》』があります。胞衣とは、胎盤など後産で出るもののことです。説明板は――

「式内比売許曽《ひめこそ》神社とゆかりの深い大小橋命《おおばせのみこと》の胞衣を納めたところと伝えられる。／後世この塚に植えられた柳が、子供の夜泣き封じに効能があると伝承され、俗に〝よな塚〟と呼ばれて人々から親しまれた」

と読めます。藤原氏の遠祖にあたる大小橋命は当地の「開拓神」で、鶴橋駅の西にはその生誕に由来する『産湯《うぶゆ》稲荷神社』があります。また、生野区勝山通の『御勝山古墳《おかちやま》』はその墓だという説もあり、この界隈に残る「大小橋命伝説」には事欠きません。また、塚の敷地内には『日露戦役記念碑』が建っていて、九人の出征軍人の名が刻まれてます。

排気ガスで黒ずんだ「日露戦役記念碑」（胞衣塚）

周囲の人家に隠れて表通りからは見えませんが、**胞衣塚**の北に位置しているのが『比売許曽神社』で、下照比売命《したてるひめのみこと》を祭神としています。説明板にある「式内社」というのは、平安時代の法典『延喜式《えんぎしき》』の神社一覧（『延喜式神名帳』）に載っている神社ですから、かなり古い社であることがわかります。下照比売命は阿加流比売《あかるひめ》神と同一で（いや、違うという異説も多々ありますが……）、『古事記』には「新羅《しらぎ》の阿具沼のほとりで昼寝をしていた女に『日の輝虹の如く、その陰上を指し』、女は妊娠して赤玉を生んだ。この赤玉は女となって王子・天之日矛《あめのひぼこ》の妻となるが、ある日『吾が祖の国に行かむ』と言って、小舟に乗って難波に来た。『こは難波の比売碁曽の社に坐《いま》す阿加流比売神と謂う』」と記されています。『日本書紀』や『摂津風土記』にも同様の記載があるので、**比売許曽神社**の神さまは朝鮮半島から来たことがわかります。

**天之日矛**（天日槍）は『古事記』『日本書紀』に見

える新羅の王子で、『播磨《はりま》国風土記』には神として登場します。古事記では、天之日矛（天日槍）と阿加流比売神の子孫・曾孫が、菓子の神とされるタヂマモリ（多遅摩毛理、田道間守）であり、次代の多遅摩比多訶《ひたか》の娘が息長帯比売命《おきながたらしひめのみこと》（神功皇后）の母、葛城高額比売命《かつらぎのたかぬかひめのみこと》であるとされています。この天之日矛（天日槍）やその系統を祭神とする神社は、九州、北陸、但馬《たじま》、播磨、近江と広く分布していて、古代の渡来人集団が各地に移り住んでいった行程を示すものでしょう。現代の「コリアタウン」の入り口に、こんな縁起を持つ神社があるやなんて、歴史の因縁というほか、おまへんなぁ。

## ●「いくたまさん」のお隣に「軍事地下壕」

鶴橋駅から、体力に自信のある方は、西へ歩いて二〇分ほど、ない方は地下鉄に乗って一駅「谷町九丁目」までお越しください。千日前通りの南側、谷町筋と松屋町筋の間に、約五五〇坪の広さをもつ**生玉公園**があります。ここは園内の桜が有名で、花見の季節には「料理やお酒」の〝お届け業者〟も現れるほどです。

それに隣接する『生國魂神社《いくくにたまじんじゃ》』は通称**生玉神社**で、地元では親しみを込めて『いくたまさん』て言いまんな。境内には、大阪落語の始祖・米沢彦八を顕彰する『彦八の碑』があって、毎年九月に上方落語協会が主催する**彦八まつり**は、今や大阪の秋の風物詩で、大勢の人出で賑《にぎ》わいます。

生玉公園の地下に、戦時中に使用された**地下壕**があることを知る人は、少ないでしょう。今、

「生玉神社」へ至る入り口（南側）

壕上部にある「空気孔」

セメントで固められたままの
「地下壕」入り口

入り口はコンクリートで封鎖されて中には入れまへんけど。解説板が設置されてまして――

「（略）ここ、生玉公園は一九四〇（昭和十五）年五月着工、四二（昭和十七）年五月に開園、地下壕は当時軍部が戦局を拡大させる中で空襲に備えるための「都市防空壕」として大阪市によって建設されました。／地下壕については、その建設経過や使用状況などの詳細は明らかになっていませんが、戦争末期には陸軍が使用していました。（略）／この地下壕建設にあたっては、当時の植民地支配の下で〈強制連行などにより集められた朝鮮人が苛酷な労働に従事させられた〉との体験者の証言があります。／戦後の五〇年にあたり、戦争の悲惨さを語り継ぎ、国籍・民族・文化等の違いを超えた相互理解と友好を深め、世界平和を心から願う気持ちを込め、ここに銘板を設置します。／一九九六年（平成八年）三月　大阪府／大阪市」

一九九一年に「再発見」されたこの壕の内部構造は、アーチ状の鉄筋コンクリート造り、幅約九メートル、高さ約六・五メートル、長さ約二四メートル、一階部分の床面積二〇三平方メートルですから、小さい体育館やホールくらい、スッポリ入る大きさでんな。空襲と本土決戦に備えて、「大阪城公園駅」の章で触れた**陸軍第四師団司令部**をここに移す計画だったとか。

大阪の風情《ふぜい》が溢れ、浪花情緒いっぱいの公園にも、やっぱり戦争と切っても切れない縁がおましたんやなぁ。地下にドデカい空間があるやなんて、落盤の危険性はないんやろか？　心配でっせ。

看板だけやのうて、平和資料としてしっかり保存して、ちゃんと公開でけるようにしてほしいです。

## 本当は 教えたくない このお店
## お好み焼き『末廣』

「お好み焼きはパンケーキとちゃう！」。僕の持論です。大阪庶民の味を食い物にしてのし上がった『千房』や『ぼてじゅう』の出す「お好み焼き」は、断じてお好み焼きではおまへん！正しい(authentic)お好み焼きを目撃・体験・賞味したいなら、『末廣』へお越しやす。

パンをテコで食べられない、当然ですね。つまりお好み焼きは「べちゃ焼き」が基本なんです。持ち上げると崩れるくらいの柔らかさ（＝優しさ）がお好み焼きの命。その分、分厚い鉄板の熱で、しっかり固める。故に、皿に入ったお好み焼きも「論外」。

『末廣』は半世紀になんなんとする老舗。ここのお母ちゃんも、九〇歳になんなんとするベテランで、鶴橋駅の移り変わりとともに、戦後この地で生きて来はりました。この店の鉄板をみると「鉄は油に馴染むのだ」ということを実感しますな。半世紀にわたる「焼き」が鉄板の上に「重畳」を作り上げていて、おそらく、そんじょそこらの「テフロン加工」なんか及びもしないでしょう。

この店の真骨頂は、なんといっても**ミックスモダン**。イカ・ブタ・海老・牛肉を混ぜ込んで、ソバをのせて焼き上げる。ソースの焦げる匂いが、たまりまへん。でも、いきなり「ミックスモダン」は禁物でっせ。まずは、「ブタ玉」から攻めましょう。そう、お好み焼きの基本は何といっても「ブタ玉」。これが美味《うま》いか不味《まず》いかで、その店の値打ちがわかろうというもの。『末廣』の「ブタ玉」（六五〇円）は、他の追随を決して許さないのであります。

「ウチが長生きしてるからナァ、娘がこの店継ぐ言うても、あの子も、とうに六〇越えてるんやしなぁ…」とお母ちゃんは言いはります。いやいや、そんなこと言わんといて。

『末廣』は〈末〉永く、鶴橋で〈廣〉がっていてちょうだい！

桃谷駅下車徒歩０分「桃谷商店街」

## ●坂道の　商店街を下りなば
## 猪甘津の橋「つるのはし跡」

駅の出口が、すぐ桃谷商店街の入り口で、ここから東に疎開道路まで六〇〇メートルほど、曲がりくねった緩《ゆる》やかな坂道に、細いアーケード街が続きます。衣類や食料品関係の店舗はもちろん、書店、文化教室、電気屋さん、喫茶店、時計店、文房具屋さん、整骨院、魚屋さん、パン屋さん、漬物屋さん、工務店、画材屋、寝具店、印舗、等々、約一六〇の

日本最古の橋「つるのはし」跡

商店がびっしりと軒を連ねて、昭和三〇年代にタイムスリップしたような雰囲気でんな。やっぱり、個人商店がしっかりして元気な商店街はよろしいなぁ！　歩いてるだけで、生きる勇気をもらいますわ。

アーケードの終点で疎開道路を渡ると、『つるのはし跡公園』〔生野区桃谷3―17―22〕のひっそりとした佇まいに出会います。

説明板には――

「つるのはしは、もとの平野川にかけられていたが、この川は昭和十五年に埋められ新平野川に改修されたため廃橋となった。／日本書紀に〈仁徳天皇猪甘津《いかいつ》に橋をつくる、この処を小橋と名付く〉とあって、文献の上では、わが国最古の橋であるということができる。むかし、このあたりに鶴がよく飛んで来たことから、いつのまにか鶴橋と呼ばれるようになった。／昭和49年　生野区役所」

とあります。**つるのはし**は、古くは河内《かわち》・大和への交通の要所で、明治時代には石の橋となりました。一九九七年、廃橋の際に石碑と当時の親柱四本を記念に保存して『つるのはし跡公園』

として再整備されました。いつ訪れても綺麗に清掃がなされていて、心が洗われる思いがしまんねん。

しのぶれど　人はそれぞと　御津《みつ》の浦に
渡り初《そ》めにし　ゐかい津の橋
小野小町

この辺が**旧・猪飼野《イカイノ》**で、日本国内で在日韓国・朝鮮人が最も多く住む処です。猪飼野の地名は一九七三年に消えてしまいまして（曺智鉉・写真集『猪飼野／追憶の一九六〇年代』）、最近では俗称**コリアタウン**とも呼ばれるようになりましたが、今も猪飼野で通用します。説明板にあるように、古代は猪甘津《いかいつ》と称され、五世紀の百済《くだら》系渡来人が開いた『百済郷』の跡でおました。この橋を架けたのも、百済からの渡来人だったんでしょうな。

猪飼野は、一六〇〇年の昔から〝コリアタウン〟でおまっ！

## ●古くて新しい観光名所、コリアタウン（御幸森商店街）

『つるのはし跡』の北に、御幸森《みゆきもり》神社（御幸森天神宮）［生野区桃谷3—10—5］があります。もちろん胞衣塚からも歩いていけますけど……。一六〇〇年前に、仁徳天皇が百済系渡来人の先進文化を見聞するため、鷹狩りの道すがら、たびたびこの森を訪れて休憩したことが「御幸の森」の由来やそうです。「御幸」は即ち「行幸《ぎょうこう》」で、天皇の外出を意味しますから。

万葉仮名・日本語・ハングルで
刻まれた「難波津の歌」碑

「猪飼野」の地名が残る玉垣（御幸森天神）

御幸森商店街は、昔「朝鮮市場」今「コリアタウン」

二〇〇九年、境内に王仁《わに》博士の**難波津の歌**が万葉仮名・日本語・ハングルで刻まれた碑が建てられて、町の新たなシンボルが、また一つ加わりました。

なにはづに　さくやこの花　ふゆごもり
いまははるべと　さくやこのはな

（古今和歌集）

王仁博士は百済から日本に渡来し、漢字と儒教を伝えたとされる人物ですな。『日本書紀』では王仁、『古事記』では和邇吉師《わにきし》と表記されてます。ちなみに、枚方市にも大阪府指定の史跡王仁墓がありまっせ。

右手の神社を入り口にして、東に延びる**御幸森商店街**が**コリアタウン**です。この市場は一九三三年の『アサヒグラフ』で「白衣と豚の頭は描く／大阪の新名所「朝鮮市場」——大阪・猪飼野／朝鮮人の滞在数が一番多い大阪、わけても〈朝鮮〉そのものと云ひたい猪飼野……」と紹介されてますから、一九三〇年代の初頭には、もうその原型ができあがってたんでしょうね。この通りを中心に、旧・猪飼野の町が東西南北に広がってます。ここに住む人々も、親から子、子から孫へと、三代・四代を継いで生きてきました。コリアタウンと猪飼野の風景には、「植民地支配～民族解放と独立～国土の分断」と、波瀾万丈の歴史を異国の地で生き抜いてきた人々の暮らしがぎゅっと凝縮してまんねん。ここは、何と言っても在日韓国・朝鮮人を主な顧客対象とした市場で、食材や日用品などを豊富に揃えられる〝生活の場〟です。

済州島出身者が多いのも、この町の特徴でんな。戦前は、大阪南港〜済州島を結ぶ**君が代丸**や、それに対抗した組合自主運営の**伏木丸**《ふしぎまる》といった定期連絡船があって、「一九三四年時点で大阪在住の済州島出身者は三万七九三七人にのぼり、在日朝鮮人人口全体の二二%を占め」（杉原達『越境する民』）るほどでした。コリアタウンを歩くと、今も「済州島方言《チェジュマル》」が聞こえてきまっせ。

**コリアタウン**の呼称は、一九九三（平成5）年ころから使われだしました。そして、二〇〇二年「サッカー・ワールドカップ日韓共同開催」を機にさらに注目を浴び、それに続く「韓流ブーム」で多くの観光客が訪れるようになりました。それにつられて、ハイカラな「韓流カフェ」や「韓流ショップ」も増えてきた、というわけですな。けど、物見遊山のご訪問はお断りします！

この町は、日朝・日韓の近現代史一〇〇年を象徴する「場」であることを、忘れんとってください。その上で、どうぞ「オソ・ソセヨ（いらっしゃ〜い）〜！」

現在、「鶴橋駅前商店街」「桃谷駅前商店街」、そしてこの「コリアタウン」、三つの賑わいエリアが連携して、**いくのトライアングル・タウン計画**が進行中です。地域住民と商店主たちが連携して、ともに活性化しよう、元気になろう、仲良くしよう、という街づくりですわ。エエこっちゃないですか。また、生活の場と観光スポットという特色を生かして、学校や市民団体が「異文化体験」「歴史散策」「人権研修」などを活発にやってますし、毎年秋には『コリアタウン・共生祭り』も開催されてます。

日韓併合から一〇〇年、喧嘩や対立があり、差別や排外の歴史もありましたが、その経験を充分に生かしてコリアタウンは新たな共生の街に生まれ変わろうとしてまんねん。韓流スターを〝オッカケ〟るんやったら、キタやミナミに、いやいや、いっそのことソウルへ直接行きなはれ。この街では「共に生きる息吹と佇《たたず》まい」を感じ取っていただきたく……そう思う、今日このごろでございます。

## ●「大阪管区気象台」と「陸軍高射砲台」跡

**コリアタウン**には「百済門」と「御幸森中央門」という大きな門がありますが、二つの門が対峙して立っている通りが**一条通**です。一九二七（昭和2）年に下味原～今里間に市電が開通して、「鶴橋」「猪飼野」二つの停留所ができたんですけど、それがきっかけで発達した商店街で、コリアタウンと、ちょうど十字に交わってます。この「一条通」に、近年異変が起きました。大衆演劇『明生座《めいせい》』のおかげで、一躍有名になってしもたんです。近畿一円は言うに及ばず、遠く四国・中国、名古屋方面からも、贔屓《ひいき》目当てに多くのファンが**明生座**に詰めかけて来はりまんねん。えらい、人気でっせ。

大阪市南部は、言うならば大衆演劇のメッカでしてね、鈴成《すずなり》座、梅南《ばいなん》座、オーエス劇場（以上西成区）、朝日劇場、浪速《なにわ》クラブ（以上浪速区）があって、二〇〇六年に明生座が生野区・旧猪飼野にオープンしたわけです。コリアタウンのど真ん中に「和物」が共存してるのも、実に大阪らしい風景でんなぁ。

連日連夜、満員御礼「明生座」

その一条通を南へ下って**勝山通り**を西（桃谷駅方面）へ行きますと、北側に『御勝山《おかちやま》古墳』があります。ここは大阪府の史跡で「岡山　又　御勝山」の石碑があり、古墳時代中期（五世紀前半）に造られた難波地域の豪族（大小橋命《おおばせのみこと》か？）の墓と考えられてます。その南側には『御勝山南公園』［生野区勝山南3―3］があります。御勝山は前方後円墳の「後円」の頂上部、南公園は「前方」部で、道路が古墳を南北に分断している恰好になってしもたんですな。これは、「大坂夏・冬の陣」で徳川秀忠が陣を敷いたために、古墳の形状が損なわれたことが原因やそうですわ。

生野区は住宅密集地域ですけど、改めて歩いてみると、公園が多いことに今更ながら気付きます。御勝山南公園（通称「勝山公園」）は『大阪管区気象台』があった場所で、『気象台跡』の石碑が建ってます。一八八二（明治15）年、**大阪管区気象台**は北区堂島に『大阪測候所』として設立されて、その後、一九三三

（昭和8）から六八（昭和43）年までの三五年間、この地におましたんや。特異な外観の地震計室や日本初の気象レーダーを備えて、天気予報、大雨・洪水等の注意報・警報、地震津波情報などの発表で、気象災害から大阪府民の生活を守ってきたんです。ところが、戦時の気象業務は軍事機密とされて一般には公表されなくなりました（日本機関紙出版センター『大阪戦争遺跡歴史ガイドマップ』）。それとは対照的に、第二室戸台風（一九六一年）の時には、大阪市民を高潮被害から守ったいうことで、管区長が市民文化賞を受けたんでっせ。戦争のアイロニーは、こんな所にも及ぶんですなぁ。

「大阪管区気象台」跡（御勝山南公園）

「ロート製薬」大阪本社工場

勝山通りを東へ、大池橋交差点を渡ると**ロート製薬本社**［生野区巽西1―8―1］が見えてきます。その裏には『巽公園』が隣接してまして、近所の保育園とか幼稚園が運動会によく利用するので、地域住民にはとっても馴染み深い場所。この一帯は一万五〇〇〇坪の広さがありまんねんけど、実は巽陸軍高射砲陣地の跡地なんですわ。

当時、照空灯（サーチライト）でアメリカ軍機を察知して、聴音機で聞いた音から高さ・速度・進行方向を観測した後に、高射砲の向き・高さ・何秒後に爆発させるかを計算して砲弾を撃つ、という方法でした。ところが、B29があまりにも巨大で「低空飛行している」と誤認して弾が届かんかった……という「トホホ」エピソードも残ってます。ちなみに、アメリカ軍の高射砲弾には真空管を使ったレーダーが組み込まれていて、飛行機を感知して自ずと爆発する仕組みでした。どちらの「命中率」が高かったかは、言わずもがな……。

最新技術が生かされた気象台が人命を救い、高射砲は誤射が多かった。この事実こそは、現代への教示のような気がしてなりまへん。

本当は 教えたくない このお店

## ホルモン焼き『金屋』

桃谷商店街を疎開道路に向かって歩くこと約五分、桃谷中央商店街のアーケードがいったん途切れますが、ここには、かつて猫間川《ねこまがわ》が流れてたところです。だから、商店街と十字に交わる東西の道路は、今も「猫間川筋」の愛称で呼ばれてます。『金屋』は、その交差点のすぐ南（右）にあります。入り口の上には、なんの飾り気もなく「ホルモン・料理・酒・ビール・めし」と書かれてあって、紺色の暖簾には「ホルモン焼き　金屋」と白地の布で文字が縫い付けられてある。

金屋のオモニ（お母さん）は済州島出身で、二十代にこの場所でホルモン屋を始めたと言います。一緒に店をやっていた夫が先に亡くなり、オモニは八〇歳を越した今も元気で、仕入れから何から何まで、全部一人でこなしてはります。「この界隈で、ホルモン屋始めたのはウチが初めてやで」とのこと。今は「無煙ロースター」なんてものが当たり前になって、焼き肉屋の店内から「煙」が消えましたけど、どっこい『金屋』は、ガスコンロに網の鉄板で、もうもうと煙を上げて焼きます。しゃぁから、匂いが付いたらだめな服は着てこない、あるいは、ビニール袋に入れてくださいね。

店内にメニューはおまへん。ここは「韓国レストラン」でも「焼き肉屋」でもない「ホルモン焼き屋」でっさかい、そこんとこ、お間違いなきように頼んます。

ホルモン盛り合わせ、ミノ、バラ、ハラミ、テッチャン、レバー、コブクロ、ハチノス、センマイ……おそらく、なんでもござれ。値段も書いてません。ちなみに「盛り合わせ、ミノ、ビール、キムチ」で二五〇〇円でした。食べきれんで、半分は「お持ち帰り」しましたから、ま、高いことはおまへんな。

六〇年の歴史を刻む老舗、天晴れ『金屋』！

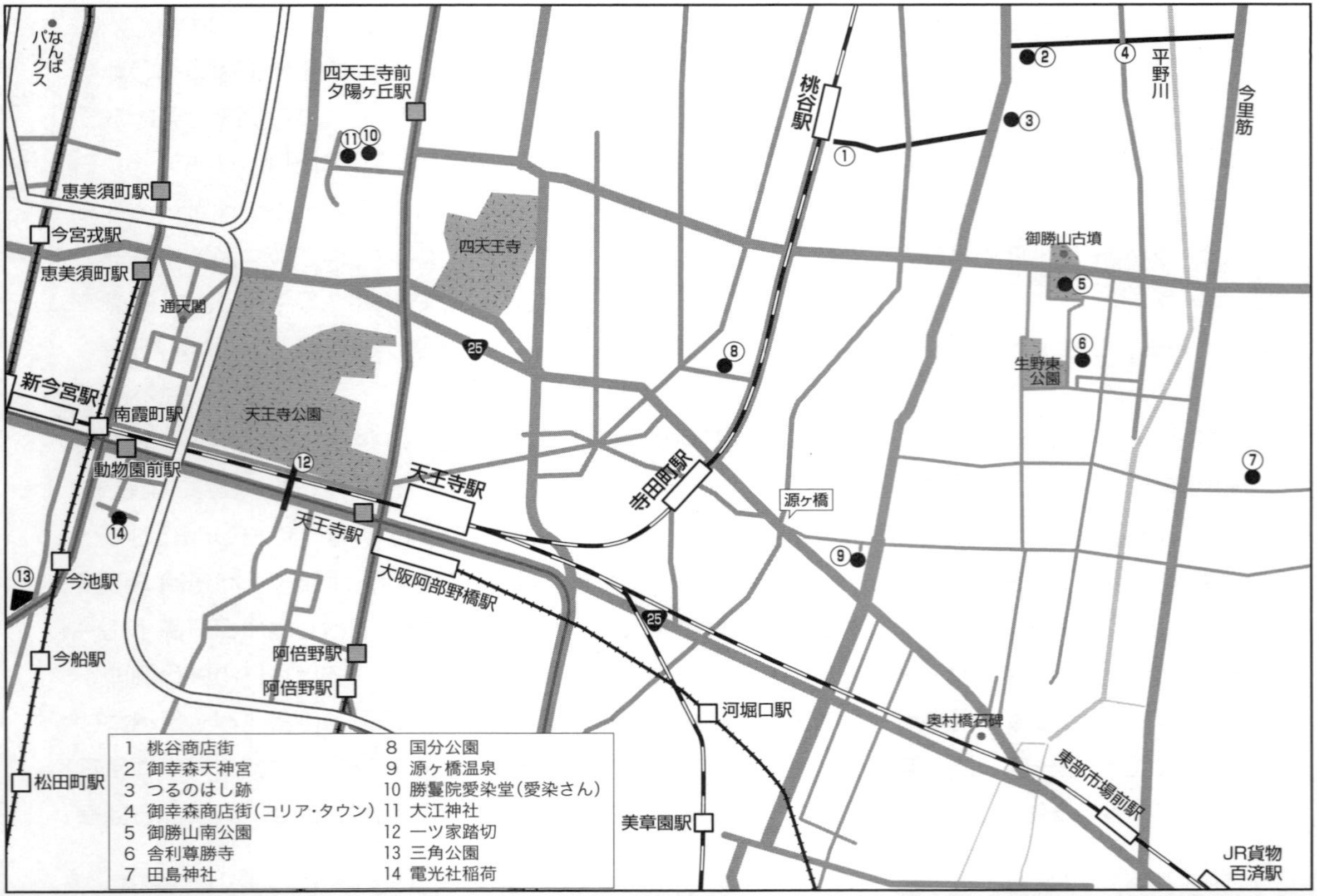


1 桃谷商店街
2 御幸森天神宮
3 つるのはし跡
4 御幸森商店街(コリア・タウン)
5 御勝山南公園
6 舎利尊勝寺
7 田島神社
8 国分公園
9 源ヶ橋温泉
10 勝鬘院愛染堂(愛染さん)
11 大江神社
12 一ツ家踏切
13 三角公園
14 電光社稲荷

## ●消えた川と橋を偲んで「源ヶ橋温泉」で一っ風呂

寺田町駅の北口と南口ではまったく雰囲気が異なってまして、こんな駅も珍しいですな。南口は天王寺区で、大阪教育大学（元・天王寺分校、現・第二部と「放送大学」）や古い町並みが残っている閑静な住宅地です。南口に接している**寺田町駅前南商店街**は、もともと「黄金地《こがねぢ》商店街」という戦前からの古い商店街で、『黄金湯』という銭湯がその名を今に留めてます。街を抜けると、国道25号線から天王寺へと繋がります。

一方、北口は西側が天王寺区、東側が生野区の南端にあたりますが、かつてここに**猫間川《ねこまがわ》**が流れていました。大阪市内の歴史を探るのに、猫間川の探索は欠かせない、とても重要な「元・河川」です。猫間川は、百済《くだら》川（平野川の古名）に対して高麗川《こまがわ》と呼ばれていたのが、訛《なま》って猫間川になったといわれてまんな。阿倍野区高松に端を発して、源ヶ橋《げんがばし》を通って生野区から東成区・城東区と環状線に沿って流れ、森ノ宮の砲兵工廠の西北端で平野川に合流していた長さ四・五キロ、川幅約一〇メートルの自然河川でした。戦前から暗渠《あんきょ》（地下）化の工事が続けられて一九五七（昭和32）年に完全に消失しましたが、川の痕跡や関連する石碑が各地に残ってます。

**源ヶ橋**はとうの昔になくなりましたが、交差点に名前が残ってるところが大阪の大阪たる所以《ゆえん》。ここだけやおまへんで、四つ橋、高麗橋、心斎橋、三休橋、長堀橋、猪飼野橋、舟橋、鶴橋、緑橋、日本橋、芦原橋……、「橋と川」は無くなったけど「橋」の地名だけが残ってるところは、さぁ、何ヵ所ありまっしゃろな？　数えきれまへん。

源ヶ橋は一八一一（文化8）年に造られましたが、こんな逸話が残ってます。

猫間川の渡し守で源兵衛という悪党がいて、通行人を殺《あや》めては金品を強奪していた。ある日、いつものように一人の旅人の身ぐるみを剥《は》いで殺してしまうのだが、それは長年行方を捜していた我が子だった。さすがの源兵衛も自分の罪の深さを悔やみ、出家して有源という僧侶になり、罪滅ぼしのために、それまでに掠《かす》めて貯めた銭で川に橋を架けた。

その**源ヶ橋交差点**から東に**生野本通り商店街（生野ほんど〜り）**の、約一六〇〇メートルの長いアーケードが続きます。**源ヶ橋温泉**［生野区林寺1―5―33］は、商店街に入って一五〇メートルほどの所、疎開道路の手前を右（南）に折れた所にあります。一九三五（昭和10）年に建てられた「文化庁認定有形文化財」でして、「この建造物は貴重な国民的財産です」と刻まれたプレートが掲げられてます。おそらく日本で唯一の「文化財銭湯」でしょうな。全国各地から取り寄せた「漢方・ハーブの湯」、また石川県小松市のオパール原石を用いた「オパール湯」もあって、身も心も、実にありがた〜い気分に浸れまっせ。

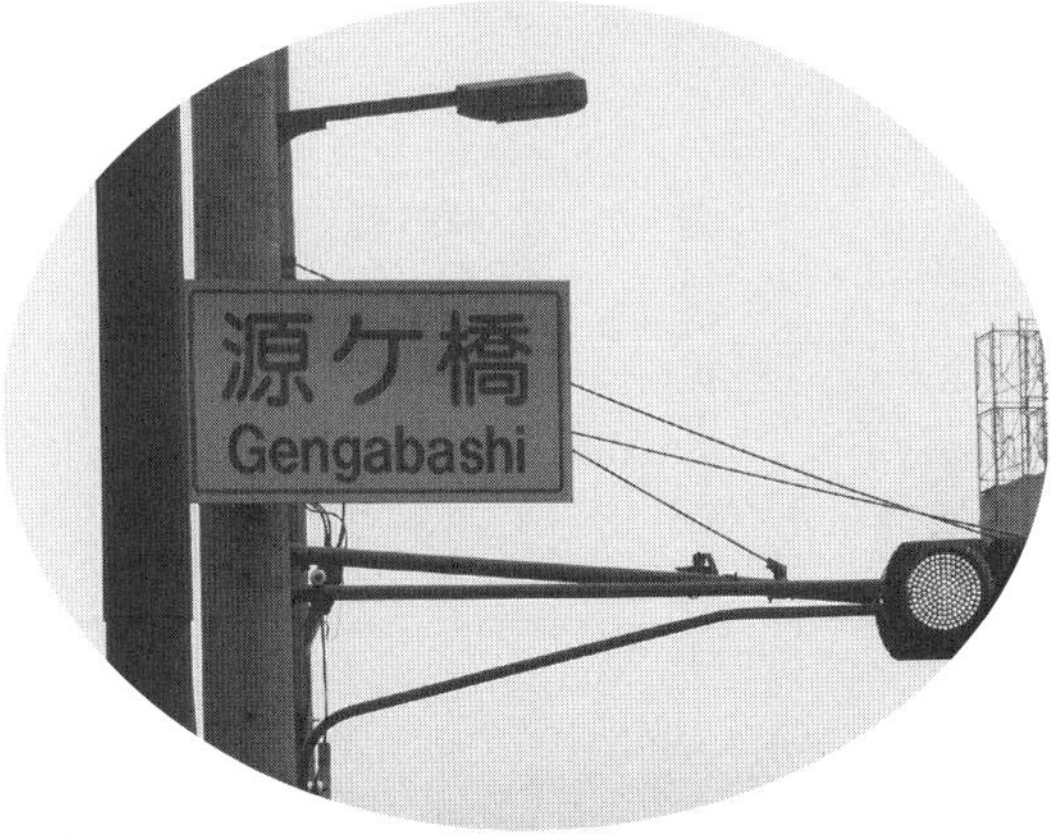


源ヶ橋交差点が生野ほんど〜りの入り口

有形文化財「源ヶ橋温泉」

「摂津国分寺」跡…ほんまに？

時間があったら、駅の反対方向（北口から北西）に少し歩いてください。町名が寺田町から国分町に変わります。その『国分公園』［天王寺区国分町14］の敷地内に『摂津国分寺跡』の石碑と説明板が見えます。七四一（天平13）年、聖武天皇の命により「国」ごとに国分寺と国分尼寺が置かれた……と歴史の時間で習いましたやろ。この地は昔から国分寺の名を伝えてまして、奈良時代の蓮華文や唐草文の軒瓦が出土したことから、**摂津国分寺跡**だとされてるわけです。大阪市北区にも国分寺という地名（「天六ガス爆発碑」の付近）があって『長柄《ながら》国分寺』が存在しましたが、そこが摂津国分寺だったと裏付ける文献や出土品がおまへん。また、「国分」の地名は森ノ宮付近にも存在します。だから「確固たる証拠」はないのですが、まぁ、ここに間違いなかろう……という『摂津国分寺跡』です。

もっと興味深いことは、この摂津国分寺跡から南西に少し歩くと「大道《たいどう》」という地名（交差点）があって、難波宮の南門から南に延びる朱雀《すざく》大路という道路の先に位置していた『難波大道《なにわたいどう》』の跡やそうですな（『完全踏査 続古代の道 ―山陰道・山陽道・南海道・西海道―』）。

今はなくなった「川」と「寺」と「道」に思いを馳せながら、散歩した後に一風呂浴びるのもオツでっせ。そうそう、源ヶ橋の手前北側に**猫間川公園**［生野区生野西1―18］があります。ほんまに、猫の額みたいな小さい公園ですから、探しあてた時の喜びはひとしおでっせ。

## ●めがねの故郷「田島神社」と「舎利寺」の縁起

健脚の方は生野本通り商店街を最後まで抜けてください。歩くのが無理な方は、駅前から「13番」バスに乗って「田島3丁目」で降りて、通り（今里《いまざと》筋）を渡って少し東へ入ると**田島神社**［生野区田島3—5—34］が左手に見えてきます。起源は未詳ですが、石灯籠などに刻まれた文言によると、一六八四（貞享元）年にはこの神社がこの地にあったことがわかります。一九〇九（明治42）年に『田島神社』と改称されて今に至ってるわけです。

鳥居に「御大典記念／平成二年」と刻まれてるのを見て、ビックリしましたで！　というのも、歴史用語として昭和の御大典《ごたいてん》（昭和3年）は定着してますけど、現職天皇の即位式・大嘗祭《だいじょうさい》も「御大典」といったのかな、と思ったしだいで……ま、そんなことは、どうでもよろしおます。

清楚な境内に足を踏み入れますと『殉国の碑』がありますから、その横の『謝徳の碑』（大正2年）と『眼鏡レンズ発祥之地』碑（平成4年）に注目してください。田島町生まれの石田太次郎という人が、丹波で眼鏡作りの技術を習得して、二四歳でこの地に帰り、その後、田島が世界有数の「眼鏡レンズと医療用具レンズ」の生産地になった経緯や、石田翁の徳を称える文言が刻まれてます。翁は幼くして右足の自由を失い、農家を継ぐことが出来なかったのでレンズ作りを志したこと、また、凄まじい努力で眼鏡製作の技術を身につけ、それをこの地に広めたこと、等が読み取れます。

実は、生野区田島は〝眼鏡レンズの町〟なんです。一九一三（大正2）に、ここ田島村で電力による眼鏡専門工場が初めて生まれ、その後、日本一の眼鏡生産地になり、「田島のめがね」は

田島を誇る「めがね温泉」

「眼鏡レンズ発祥の地」(田島神社)

全国で愛用されたそうです。かつて、生野工業高校に「眼鏡科」があったのも頷けまんなぁ。

田島神社から北西へ、生野東公園の手前に『舎利尊勝寺』が位置しています。ホンマは『御勝山《おかちやま》古墳』から歩いた方が、よっぽど近いんですけど、すんまへん……。

**舎利尊勝寺**《しゃりそんしょうじ》［生野区舎利寺1―2―36］は、この辺りの地名「舎利寺《しゃりじ》」の元にもなった、由緒《ゆいしょ》正しく起源の古いお寺です。今は、禅宗の一派「黄檗宗《おうばくしゅう》」に属する寺院ですが、ここの縁起譚が実に面白い——

今から約一四〇〇年前、用明天皇の時代のこと。この地に住む「生野長者」と呼ばれる人に言葉の不自由な子が生まれました。その子が十三

聖徳太子ゆかりの「舎利寺」

歳の時、四天王寺を建てるために来られていた聖徳太子が「わたしが前世に預けた三つの舎利を返しなさい」と言うと、口から三つの舎利が出て、その子は話せるようになりました。太子は三つの舎利のうち、一つを法隆寺に、一つを四天王寺に、残った一つを長者に渡されました。たいへん喜んだ長者が御堂を建てて、舎利をお奉りしたのが『舎利寺』の起源だといわれています。

門前の由来説明版には、聖徳太子が「予が前世にて汝に毘婆《びば》尸佛《しぶつ》の舎利《しゃり》三顆《さんか》を預けていたが、今それを返しなさい」と言った、とあります。この毘婆尸佛（仏）は、釈迦以前の理想仏とされる**過去七仏**に属する仏さんです。加えて蘊蓄《うんちく》を垂れますと、「舎利」は遺骨または遺体を意味するサンスクリット語（梵語）シャリーラに由来します。仏舎利は釈迦の遺骨を意味するので、「仏舎利」と「舎利」は区別せなあきませんねんで。名古屋・覚王山の日泰寺には「仏舎利」があり、ここ舎利寺には毘婆尸仏の「舎利」がある、ということです。わかっていただけました？　ちなみに、寿司飯の「シャリ」は、サンスクリットの「シャーリ（米）」に由来するという説や、「舎利」に似ているからだという説などがあって、定かではおまへん。

## ●「奥村橋石碑」と「桑津環濠集落」跡

寺田町駅北口から、国道25号線（奈良街道）を東南の方角へ一キロほど、あるいは本通り商店街東詰から南へ五〇〇メートルほど行くと、ＪＲ大和路線（関西線）のガードに出くわします。その約二〇メートル手前にあるのが、駒川に架かる『奥村橋』です。国道が広いので見過ごしがちですが、その右（南）側に今にも崩れそうな『石碑』［東住吉区桑津4―33］が立ってますが、この奥村橋こそ、昔の四天王寺や舎利寺への道をさえぎっていた今川・駒川を渡る交通の要衝でしたんや。

現役の橋とともに立つ「奥村橋跡」碑（嘉永６年）

一八五三（嘉永6）年に、奥村本家林右衛門という人が、米寿の祝いに石橋を寄付しました。お上が橋名に「奥村」と入れることを許しましたんで、渡り初め式では、この奥村翁、紅白の餅を一石五斗（二二五キロ）撒《ま》いた。豪毅やおまへんか！　よっぽど嬉しかったんでしょうなぁ。

奥村橋から25号線を南へ渡って西へ少し戻りますと、『北口地蔵尊』［東住吉区桑津3―22―10］があります。この一帯は、昭和初期まで四〇〇年も存在した桑津《くわづ》環《かん》濠《ごう》集落の跡なんです。桑津の地名は『日本書紀』に見

曲がりくねった環濠集落の道

元・環濠集落の入り口「北向き地蔵」

られるほど古く、養蚕の盛んな所だったので桑畑が広がり、それが地名になったといいまんな。もちろん「津」ですから、ここは、古代の大阪湾岸やったんです。

周囲に濠をめぐらせた環濠集落を建設する目的は、一般的に①軍事的警察的自衛　②保水灌漑　③洪水対策、の三つ。中世の摂河和泉一帯には、堺、平野をはじめとして、多く

左「東部市場前駅」、右「百済駅」と記された高架線（杭全《くまた》交差点）

の環濠集落がおましたんや。桑津もその一つで、今も「桑津北口」「桑津南口」の地名がありまっけど、これは外部に通じる道路（北に二ヵ所、南に一ヵ所）の名残ですわ。道路の入口には木戸が設けられていて、夜間は閉鎖されました。

集落内の道路は、北口より南口へゆるいカーブのある直線道路が一本あるだけで、見通しがききまへん。その他にも、複雑な屈曲や袋小路、四辻、三辻など、外来者にはわかりにくうなってます。環濠の南側に突出部がありますが、これは南口からの侵入者に対して横矢をかける目的で作られたんやそうです。南北に通じる道路は現在も低いままですが、この道路は、かつて集落内の排水溝の役割も果たしたんですて（『桑津郷土史』）。先人の知恵には、恐れ入ります。濠は埋められて道路になりましたが、「囲まれた場所」へ入っていくのは、冒険心をくすぐられますね。あっ、地域住民の方々には、重々、お気遣いくだされ。

どうせここまで来たなら、JR大和路線「東部市場前」駅の東に位置する**百済駅**《くだら》［東住吉区今林3］も見学してください。古代「百済郷」の地名がこんな場所に残ってます。「河堀口《こぼれぐち》」駅から近鉄線に乗って、「針中野」まで足を伸ばすのもよろしいなぁ。この界隈も、庶民の町が活きてます。

本当は　教えたくない　このお店

## 甘党の店『ニューハマヤ』

**生野ほんど~り**に入って、一〇〇メートル歩きます。右側にコーヒー豆と器具類を店頭で売っている店、それが『ニューハマヤ』です。店内は「昭和のレトロ感」たっぷりで、一二席しかありません。奥さんが天草のご出身で「崎津天主堂」の写真が飾られていて、心が自然に落ち着きます。

高校時代、この近所に住んでた友人に誘われて、初めて入りました。夏でしたから、かき氷を食べましたなぁ。今も、昔ながらの「みつ豆」「あんみつ」（三五〇円）「ところてん」「ホットケーキ」（四〇〇円）等を出してます。もちろん、コーヒーも。

この店ができたのは敗戦直後。「当時は、まだ商店街もできてなかったし、この辺は復員してきた兵隊さんが多かったんや。復員できた人はよかったけどなぁ……」と、抹茶を点《た》てながらご主人。「六十数年やってきたから、もう潮時かいな。あと一年……いや、二年は頑張ろうか」と、嬉しいような悲しいような。

庶民の贅沢《ぜいたく》、それが甘党。『ニューハマヤ』を有形文化財にしたいでんなぁ。
餡蜜《あんみつ》と蜜豆《みつまめ》、漢字の書き取りやっときまひょか。

# 11 天王寺駅

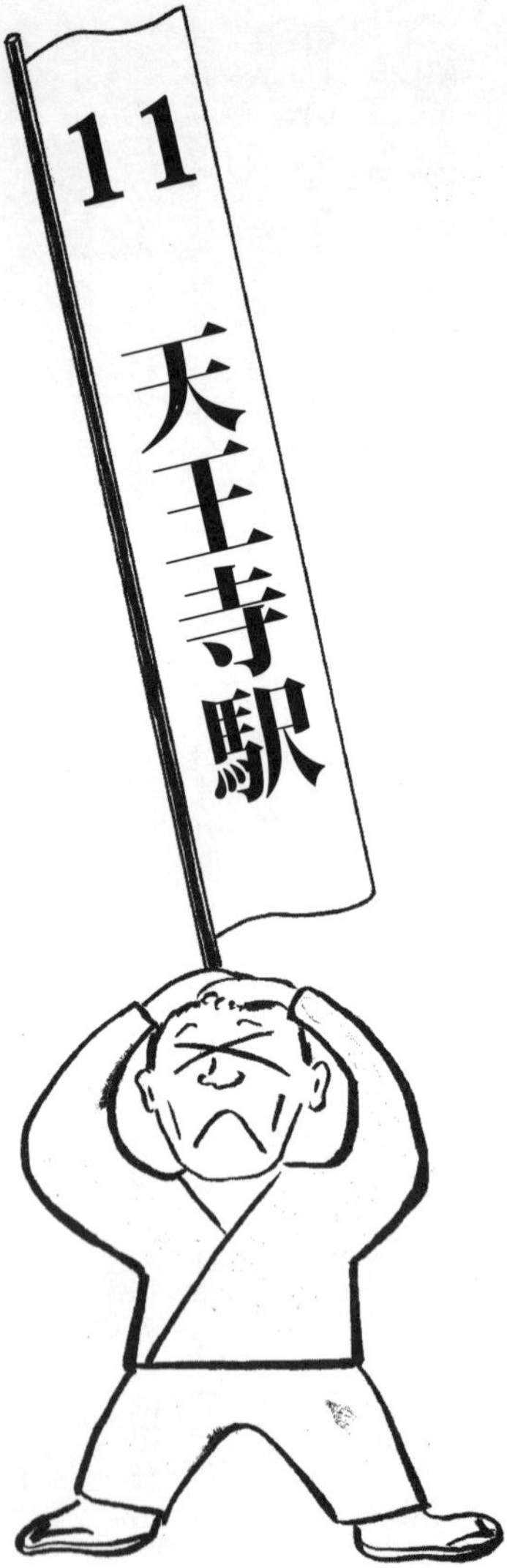

## ●天王寺公園、なんで有料やねん！

天王寺駅北口を出て横断歩道を渡りますと、谷町筋沿いに商店街のアーケードが北へ延びています。そのまま歩くと『四天王寺さん』（大阪人は、みんなこう呼びます）に着きますが、ぜひ、途中で東（右）に折れて**阪和商店街**に入ってみてください。駄菓子の卸屋、昆布専門店、無国籍料理、焼き肉屋、立ち呑み、中華、うどん屋……鶴橋のガード下と新宿ゴールデン街をミックスしたような猥雑さが息づいてます。もちろん、昼から呑めまっせ~。そんな一角にあるのが**旅の宿・葆光《ほこう》荘**。江戸時代の庄屋屋敷が、そのまま旅館になってます。俗世間にあるとは思えない静けさで、ここだけ時間が止まってます。ほんま、信じられまへん。

辺りを一回りして、谷町筋を西へ渡れば**天王寺公園**のゲート。園内には天王寺動物園や大阪市立美術館、慶沢園《けいたく》（日本庭園）があり、かつては図書館や公会堂、野外音楽堂、植物園もありました。総面積約二八万平方メートルのこの公園、実は、一九〇三（明治36）年に開催された『第五回内国勧業博覧会』の跡地でんねん。

**内国勧業博覧会**は、東京上野（一～三回）、京都岡崎（四回）に続いて、五回目を大阪で開催しました。第一会場の天王寺（第二会場は堺の大浜）は、現在の天王寺公園、茶臼山、新世界を含む約九万五〇〇〇坪以上の広さでした。正面入口には高さ二七メートルの正門、会場内にはさまざまなパビリオンと一八ヵ国の展示館、娯楽施設などがあって、五ヵ月の期間中に、なんと、五三〇万人が訪れたんやそうですな。

この博覧会で起きたのが「人類館事件」です。「学術人類館」というパビリオン（実は茅葺《かやぶ》き小屋）で、沖縄人、アイヌ民族、朝鮮人、台湾の先住民など「生身の人間」を「展示して見世物」にしたんでっせ。そして、沖縄や清国から、反発や抗議が巻き起こります（アットワークス『人類館・封印された扉』）。この事件を題材に、知念正真《ちねんせいしん》さんが戯曲「人類館」を『新沖縄文学』第三三号（一九七六年）に発表、『劇団創造』が沖縄だけでなく全国で上演して、一九七八年岸田國士《くにお》戯曲賞を受賞しました。

折に触れて、現在もこの事件の意味が問い直されてますけど、大阪市の「正史」には、一言の記述もおまへん。たとえば、大阪市史編纂所編『大阪市の歴史』（創元社、一九九九年）などは、博覧会の「成功」を賞賛こそすれ、「人類館事件」の「じ」の字も記述してまへんわ。

この天王寺公園、実は入場料が要りまんねん。一九八七（昭和62）年に開催された**天王寺博覧会**の後に有料化されてしもて、もちろん、夜間の入場もできんようになりました。当時「関西新空港」開港（一九九四年）を目指して、公園内で生活していたホームレスを排除したかったんでしょうね。天王寺公園は、今や「フェンスに囲まれた花と緑の公園（？）」と化しました。大阪市民は、なんで抗議の声を上げへんのやろか。「上野公園を有料化」したら、東京都民はどうしますか……。ちなみに天王寺博覧会は、大赤字でおました。

ところで、環状線に一ヵ所だけ〝踏切〟があったん、知ってはります？「天王寺」と「新今宮」の間に『一ツ家踏切』がおました。二〇一二年七月に閉鎖されてしもたんで、大阪の「逸話と名物」がまた一つ消えたわけです。それよりも何よりも、地元の人間にとっては大迷惑でっせ。線路を渡るのに、えらい迂回せないかんのですから。

その**一ツ家踏切**の西北（天王寺動物園の南西）に『フェスティバルゲート』跡があります。関空開港の目玉として、大阪市交通局「霞町車庫」跡地に建設された**フェスティバルゲート**（略称：フェスゲ）は、〝都市型立体遊園地〟の謳い文句で一九九七年七月に開業。総工費約五〇〇億円、運営母体は第三セクターの（株）フェスティバルゲートでした。ところが、早くも二〇〇四年に倒産、大阪市は二〇〇億円の赤字を補塡《ほてん》せないかんようになったんです。その後、二〇〇九年、パチンコ屋のマルハンが一四億二〇〇〇万円で買収……三五分の一の値段で投げ売りですわ。ほんまに「責任者出てこい！」（人生幸朗）。

ホームレスを追い出して有料になった「天王寺公園」

大阪南の玄関口天王寺は、南に「阿倍野再開発」という〝再開発の嵐〟が吹きまくり、西には「フェスティバルゲートの閉鎖」に象徴される〝再開発失敗の霧〟が立ちこめてます。

ここで一句。「大阪の　恥はハシゲ（橋下）と　フェスゲなり」お粗末！

## ●なんと綺麗な地名「夕陽丘」とスラムの原型「長町」

大阪七坂いうたら、昔は誰でも知ってました。北から順

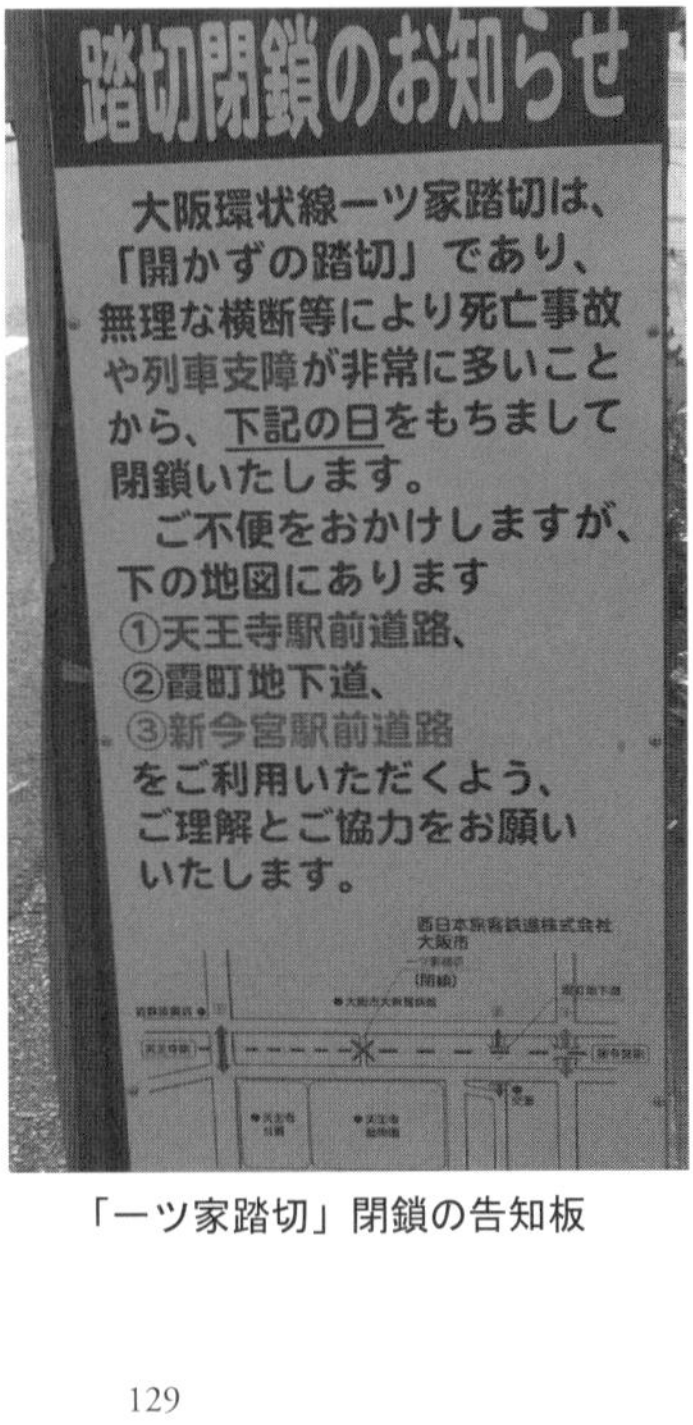


「一ツ家踏切」閉鎖の告知板

大阪七坂

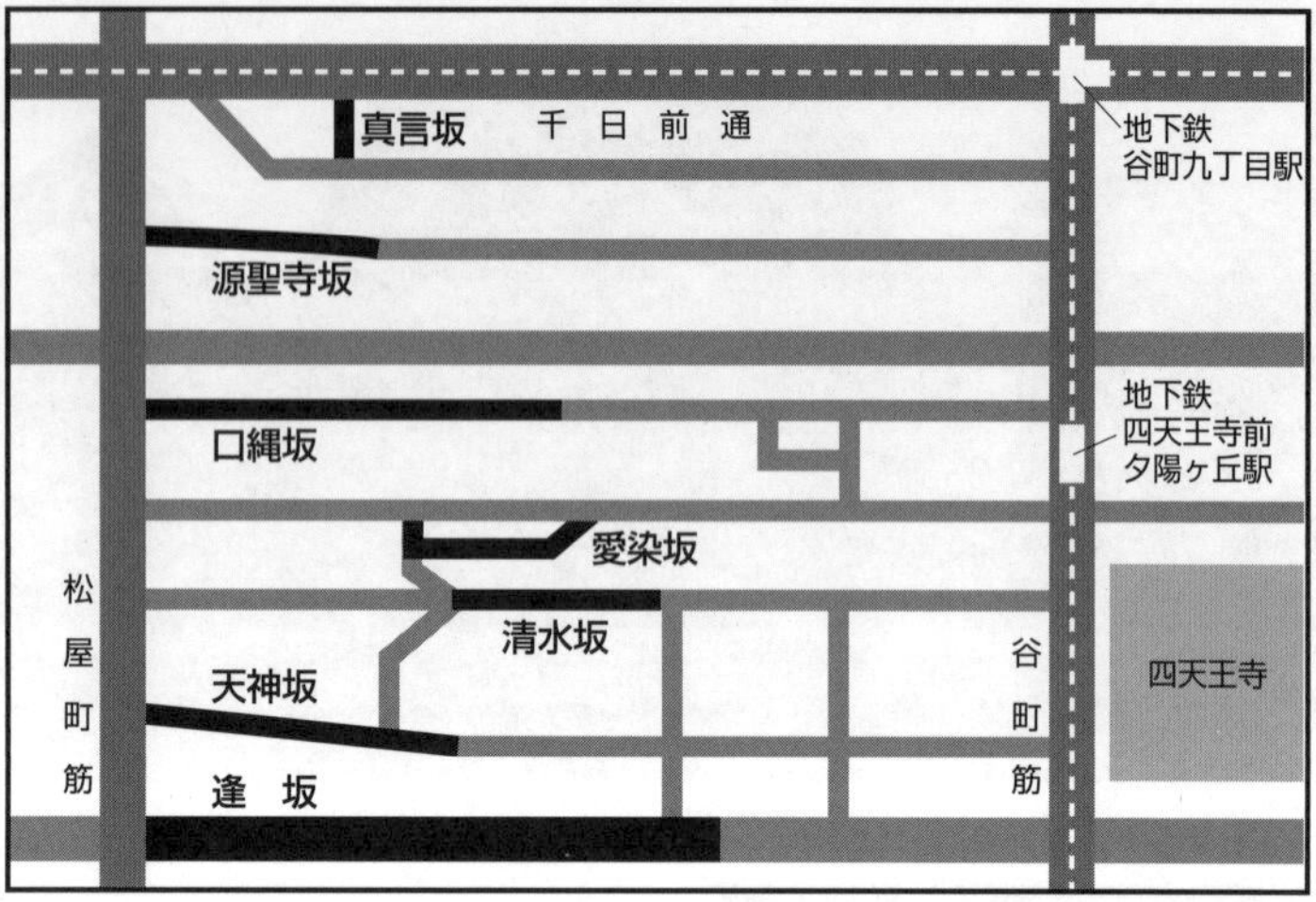


に、①真言坂（生國魂神社の横）、②源聖寺坂（登り口に源聖寺）、③口縄坂（見上げると蛇《くちなわ》」に似ている）、④愛染坂（勝鬘院愛染堂《しょうまんいんあいぜんどう》から下る）、⑤清水坂（新清水清水院へ登る）、⑥天神坂（安居天神へ通じる）、⑦逢坂（松屋町筋「合法ヶ辻」から四天王寺西門に至る）を指します。これみんな、町の真ん中に**上町台地**《うえまちだいち》がある証拠ですな。その一つ、愛染坂の上にある『愛染さん』の正式名称は**勝鬘院愛染堂**［天王寺区夕陽ヶ丘町5―36］いいまんねん。

　聖徳太子が四天王寺建立の際に設けた「四箇院《しかいん》」のうちの一つ『施薬院』の故地《こち》だと伝えられてます。「四箇院」とは、敬田院、施薬院、療病院、悲田院のことで、敬田院は『四天王寺さん』の寺院そのもの、施薬院と療病院は薬草園（薬局）や病院に相当しまんな。悲田院は病者や独居老人などのための社会福祉施設にあたり、天王寺駅北側には「悲田院町」の町名が残ってます。施薬院は、太子がそこで勝鬘経を講じられたので『勝鬘院』とも呼ばれるようになりました。これが**愛染さん**の由来です。山口百恵が「♪橋の名は　愛染橋〜」と歌うてた『愛染橋』は、愛染坂を下ったところに架かってた橋ですけど、今は、高速道路になってしもてます。

愛染さんの金堂（本堂）は府の指定文化財、多宝塔は国の重要文化財（旧国宝）で「赤門の寺」という異名をもつ名刹《めいさつ》でおます。金堂に祀られる愛染明王には「縁結びの御利益」があり、境内には、映画『愛染かつら』（原作・川口松太郎）のモデルとなった「縁結びの霊木」や、〝飲むと愛が叶う〟「愛染《あいぞ》めの霊水」もあります。毎年六月末に行われる**愛染まつり**は浴衣《ゆかた》娘たちが大勢参加する〝おんなの祭り〟で、大阪三大夏祭り（愛染祭り、天神祭り、住吉祭り）の一つに算えられてます。「大阪の夏祭りは愛染さんで始まって住吉さんで終る」といわれ、「あい（＝愛）すみ（＝住）ません（＝天）」と洒落になりまんねんけど、（天）のところは、チと苦しいね。

「愛染さん」の赤門

愛染さんの西側にあるのが**大江神社**［天王寺区夕陽丘町5―40］です。神社の西側（愛染坂の下方）は、崖のように落ち込んでいて、そこから**通天閣**が見えます。境内には「夕日丘」の歌碑が――

▲「長町六丁目」の鳥居柱（寛政五年五月）

「日本橋五丁目」の灯籠（寛政五年六月）▶

契りあれば　なにわのさとに　やどりきて
波の入り日を　拝みつるかな　　藤原家隆

この歌からこの辺りの地名**夕陽丘**がついたといわれています。地下鉄谷町線が「天王寺」まで延長された時、ご当地の駅名をどうするかで〝揉め、揉め〟に、揉めたんです。その結果、今も**四天王寺前夕陽丘駅**と「併記」名になってます。

神社本殿の右側には、狛犬ならぬ「狛虎」がユーモラスな姿で鎮座していて、いつのころからか阪神タイガースの優勝を祈願する人々が、球団旗やメガホン、絵馬などを奉納するようになりました。この「ユルさ」と「エエ加減さ」は、大阪ならでは、です。

境内を歩いて行くと、神社西側の石段の上に「日本橋五丁目・寛政五年六月」と刻まれた石灯籠があります。ほんで、下の鳥居には「長町六丁目・寛政五年五月」とあります。同じ場所なのに、なぜ地名が違うんやろ？　この、何気ない地名と年代の刻印こそ、近世から近代に大阪が移行する時代の、重要な証言の一つなんですわ。

江戸時代初期、**長町**は一丁目から九丁目までありましたが、しだいに「無宿者」や袖乞《そでごい》（乞食）や貧民がその南部に集中し、後に「搗米《つきごめ》、酒造、油絞、馬方、駕籠《かご》かき、仲仕」など労働者の街になります。北部は商売地域として発展したので、一七九二（寛政４）年に、元の「長町一～五丁目」を「日本橋通り一～五丁目」、南部は「長町六～九丁目」と分離し、「木賃宿は六～九丁目に限る」という措置がとられました。この政策が、明治に入って**釜ヶ崎**の形成に繋がっていくわけですが、詳しくは次章で紹介します。

町名変更になった翌年に建てられた灯籠と鳥居を見ると、何とも意味ありげで興味が尽きません。石灯籠の脇には、「長七若中」と彫られた手水場《ちょうずば》の跡も見られます。今風にいうなら「長町七丁目青年団」でんな。相当の経済力と組織力がなければ、このような寄進はできなかったはずで、当時の労働者と町衆はかなり生活力があった、ちゅうことですな。

## ●阪堺電車で住吉参り

**谷町筋**は、天王寺駅の南に接する国道25号線を南に越えると、**あべの筋**と名前を変えます。道路の中央を走るのは「チンチン電車」の愛称で親しまれている『阪堺《はんかい》電車・上町線』で、住吉公園まで一一の停留所を経て、一六分で走ります。阪堺電車には、恵美須町を起点とするもう一つ

元・旭通りの Q's Mall 北側

日本一高いビルを目指す「ハルカス」

の路線**阪堺線**があって、堺市の浜寺駅前まで延びてます。かつては、西成区の「今池駅」から平野区の「平野駅」までを結んでいた「平野線」がありましたんや。「飛田《とびた》」や「阿倍野（斎場前）」の停留所があって、東西の移動には便利やってんけど、地下鉄谷町線の延長に伴って、一九八〇（昭和55）年に廃止されました。

天王寺駅前から次の阿倍野停留所までは約五〇〇メートル、この軌道の両側が**阿倍野筋商店街**です。「阿倍野再開発」工事によって西側の店はなくなり、**飛田新地**（西成区）まで延びていた**旭通り**（**阿倍野銀座**）も完全に消滅してしまいました。まるで「親の敵《かたき》」を殺すみたいに街をずたずたにして出来上がったのが、Q's Mall です。そして、近鉄百貨店に隣接する超高層ビル『あべのハルカス』が建設中で、二〇一四年春に開業予定。出来上がったら日本一高いビル（三〇〇メー

▲「働人中」が寄進した灯籠（住吉大社）

「飛田」に通う米兵のために刻んだローマ字が併記された道標▶

トル）になるんですと。

「阿倍野再開発」は、大阪市がＪＲ「天王寺駅」と近鉄「大阪阿部野橋駅」に隣接する「阿倍野区」「金塚地区」（旭町全域、および阿倍野筋一〜三丁目）のあべの筋西側地域の約二八ヘクタールを再開発する事業で、一九七六年（昭和51年）に着工されましてん。なんと三五年も〝再開発〟し続けてるわけですわ。生活目線・庶民感覚の「まちづくり」とはほど遠い、歴史的景観・文化遺産などをまったく無視した「スラム・クリアランス方式」「ゼネコン主導型」の再開発で、もとの町並みは跡形もありまへん。ひょっとすると、二一世紀になっても再開発してんのとちゃうやろか？「町の古き良き情緒を残して欲しい」「僕らの居場所を潰さないで欲しい」そう願うのみです（トホホホ……）。けど、旭通りの入り口にあった石碑が移築されてて、ほっと溜息をついたしだいです。

「阿倍野停留所」の西、高速道路の南側に巨大な『阿倍野墓地』があります。明治になって、それまでの**大阪七墓**

は市内三ヵ所にまとめられましたが、その際、天王寺村にできたのがこの墓地でした。江戸時代、千日前にあった刑場・墓地・火葬場は一八七〇（明治3）年に廃止され、その墓地もここに移転しました。そして、千日前は歓楽地として再開発されて今に至っているわけです。

考えてみると、大阪の町というのは墓地やスラムを再開発して、博覧会をやったり巨大建造物を建てたりして、無理矢理「発展」してきたのかもしれまへんなぁ。ゆっくり・まったり走りながら、心地よく揺れるチンチン電車の車窓から見えるのは「大大阪《だいおおさか》の勇姿」でしょうか、はたまた「浪花落日の葬送」でしょうか——。上町線で『住吉大社』まで行くと、江戸時代の海運関係者が寄進した灯籠群が見えます。**住吉さん**には、大小合わせて六二〇もの灯籠がありますが、ただ一対（二基）だけ「働人中《はたらきどちゅう》、天満東郷、菜種絞油屋、天保十五年」と彫られたんがありまんねん。これは、当時の絞油労働者が自主的な団体（組合）を持っていたことを示す貴重な史料です。明治になってから、彼らは労働条件改善の「臼止め」というストライキをやりました（大阪市史編纂所『新修大阪市史　第五巻　近代Ⅰ』）。**働人中**の灯籠、探してみてちょうだい。

本当は　教えたくない　このお店

**洋酒とピザ『ピー☆コート』**

**天王寺公園**入り口ゲートから少し北へ行くと、茶臼山です。『じゃりン子チエ』（はるき悦巳・作・画）に出てくる「ひょうたん池」は、ここにある「河底池《かわぞこいけ》」で、通称「ちゃぶいけ」ともいいます。

谷町筋に面した「茶臼山郵便局」のすぐ横に、『ピー☆コート』に通じる階段がありますから、降りてください。店に、ずらりと並ぶウヰスキーの瓶、そして小さな樽も。当店の麻生ママは、日本で数少ない「ウヰスキー・ソムリエ」の資格を持つ人で、本場スコットランドの蒸留所へ直接買い付けに行くし、ニッカの蒸留所で「マイ樽」の仕込みもするほどの〝通〟なのです。

「そんな高級酒をこんな安値で……ええの？」という場合もあれば、「趙さん、これ、今度仕入れたんやけど、呑んでみはります？」「へぇ、ところで幾ら」「はい、ショット二万円で……は、は、は」てなことも。

麻生パパの作る、パスタとピザは絶品で、ベーコンも自家製。「このベーコンの甘みは、独特やね。どんなチップで燻《いぶ》してるの？」「ウチの店で毎日大量に出る、材料ですわ」「へ？　何、それ？」「お客さんらが食べはった、ピーナッツの皮と殻……は、は、は、は」。ご夫婦の笑い声が、とても気持ちいいのです。

ちなみに、Whisky と Whiskey の違い、知ってます？『ピー☆コート』に来なはれ、麻生ママが教えてくれまっせ。は、は、は……。

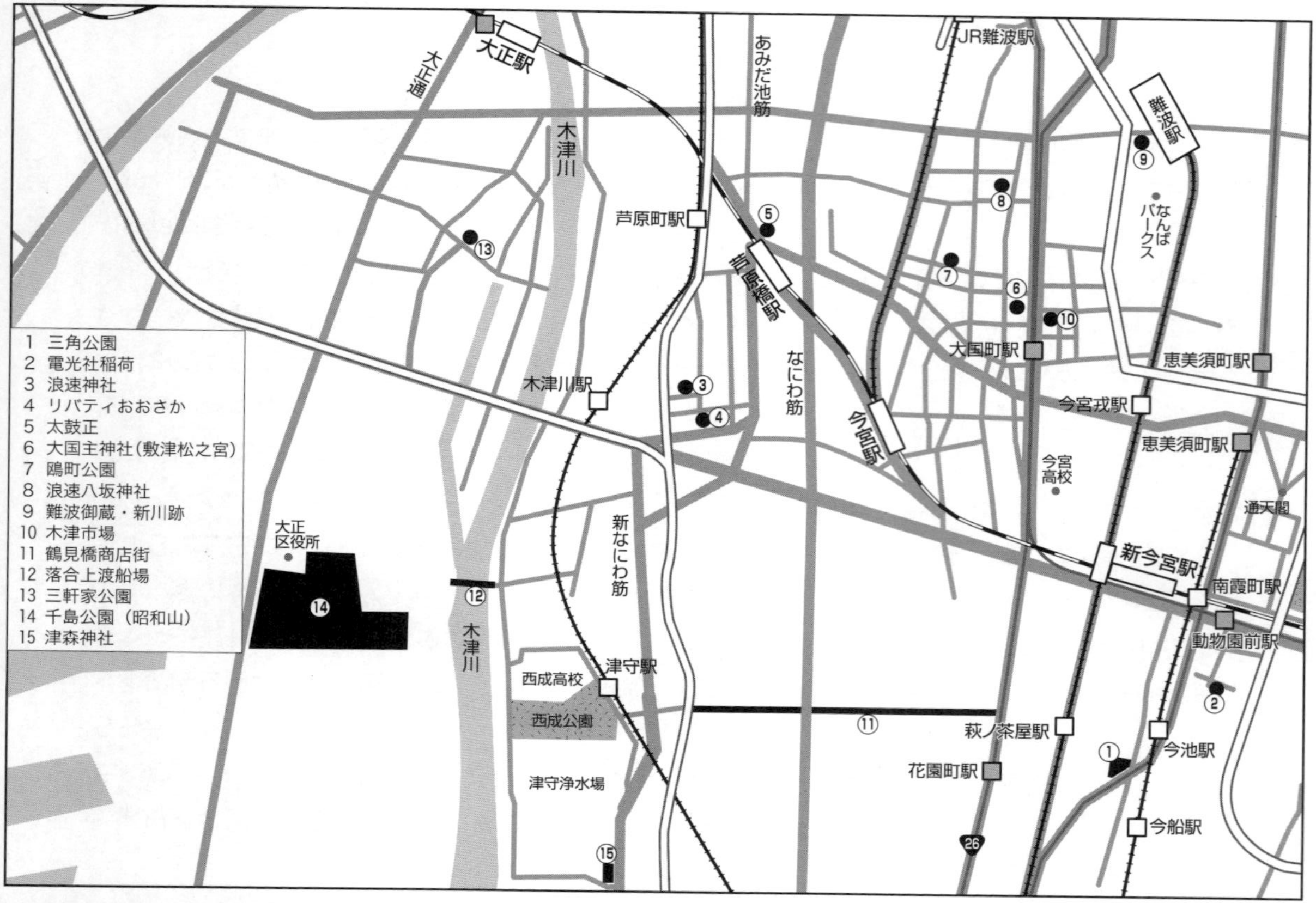
1 三角公園
2 電光社稲荷
3 浪速神社
4 リバティおおさか
5 太鼓正
6 大国主神社（敷津松之宮）
7 鴎町公園
8 浪速八坂神社
9 難波御蔵・新川跡
10 木津市場
11 鶴見橋商店街
12 落合上渡船場
13 三軒家公園
14 千島公園（昭和山）
15 津森神社
大正駅
大正通
木津川
あみだ池筋
JR難波駅
難波駅
芦原町駅
芦原橋駅
なんばパークス
木津川駅
なにわ筋
大国町駅
恵美須町駅
今宮駅
今宮戎駅
今宮高校
恵美須町駅
通天閣
大正区役所
新なにわ筋
新今宮駅
南霞町駅
動物園前駅
木津川
西成高校
津守駅
西成公園
萩ノ茶屋駅
今池駅
花園町駅
津守浄水場
今船駅
26

# 12 新今宮駅

## ●「ジャンジャン町と新世界」串カツごときで並ばんとって！

**新今宮駅**はＪＲ（大阪環状線、関西本線）と南海線（南海本線、南海高野線）の二つの駅が連結してます。地下鉄「動物園前」駅（御堂筋線、堺筋線）と阪堺線「南霞町」駅にも隣接してまして、「主要乗り換え駅」でんねんで。**ジャンジャン横丁**（正式名称は南陽通商店街）は、どの駅からもアクセスできますし、南側入り口の〝ガード下〟は知る人ぞ知る名所でしたが、今は露天商も占師も、みな消えてしもうた……。東側すぐに落語の定席『動楽亭』があります。

林芙美子の小説『めし』の舞台になって一躍有名になった「ジャンジャン横町」ですが、地元では**ジャンジャン町**《まち》の呼称が一般的でんな。三味線や太鼓を鳴らして客の呼び込みをやっていた、その擬音「ジャンジャン」が由来やといわれてます。横幅二・五メートル、全長約一八〇メート

「ジャンジャン町」南側入口

ルのアーケード街に、四四軒の飲食店や洋品店などがひしめき合って、この密接感が独特の活気を醸し出してます。

いつも賑わっている「囲碁・将棋」屋さん（『王将』と『三桂クラブ』の二軒）の風景がジャンジャン町の象徴ですな。かつては『新花月』という寄席もおました。ここは若手芸人の登竜門、また、師匠連の至芸を間近で観られる絶好の場でした。僕は、高校の授業サボって、よう通いました。音曲漫才の「おとろしや」こと佐賀家《さがのや》喜昇《きしょう》や荒川キヨシ・小唄志津子も生で見てます。今となっては、貴重な経験ですわ。

ジャンジャン町を北へ抜けると、動物園の西側、この界隈が**新世界**です。何というても「マルトミの背広のたたき売り」が名物やったね。**マルトミ**は一九四八（昭和23）年、新世界で開業、バナナのたたき売りのように衣類を「せり売り（競り下げ）」したんです。客層はほとんどが労働者で、その心情を言葉巧みにあやつって客を笑わせ、かつ、唸《うな》らせる「啖呵売《たんかう》り」が大当たりして名物になりましたんや。一九七〇年代中ごろまで続きましたかな。子どものころ、爺さんに連れられて『ずぼらや』で「てっちり」（河豚《ふぐ》鍋）を食べた後、この「たたき売り」を、いつまでも飽きずに見物したもんだ。

新世界は**第五回内国勧業博覧会**の後につくられた遊園地『ルナパーク』の跡地で、真ん中に聳《そび》える**通天閣**は、実は一九五六（昭和31）年に再建された二代目でんねん。エッフェル塔を真似た初代は、一九一二（明治45）年に完成、同時に一大歓楽街が開発されました。北半分はパリを模して放射状に道路をつくり、南に『ルナパーク』、そして、芝居小屋・映画館・飲食などが軒を並べた、これが新世界の始まりです。

「新世界」から通天閣を望む

一九二三（大正12）年にルナパークは閉園。通天閣は一九四三（昭和18）年に**金属類回収令**によって解体されて、鉄材は軍に供出されました。「金属類回収令」は**国家総動員法**（一九三八年制定）に基づいて一九四一（昭和46）年に公布。日中戦争から太平洋戦争にかけて、物資、特に武器生産に必要な金属資源の不足を補うために、官・民関係なく金属類が回収されたんです。マンホールの蓋、ベンチ、鉄柵、灰皿、火鉢までも……。「家庭鉱山」という用語が生まれたほどでした。

一九四五（昭和20）年三月一三日の大阪大空襲で、新世界は壊滅します。敗戦後は、**朝鮮戦争**（一九五〇〜五三年）の特需景気と、それに続く高度経済成長期の建設ラッシュで、たくさんの日雇労働者が釜ヶ崎に集まり、新世界は「安くて気の置けない街」「庶民の町」として第二の繁栄期を迎えました。けど、大阪万博（一九七〇年）の後は、衰退の一途を辿《たど》るんですな。

ところが今、グローバル化と格差社会の中で、皮肉にも「新世界」は第三の繁栄期を謳歌してまんねん。大型観光バスが何台も乗り付けるようになって、中国・韓国からの観光客も激増しました。安くて美味い「串カツ」や「粉モン」、激安寿司やホルモン料理を求めて、大勢の人々が今日もこの街へやって来ます。

人が増えるのはエエんでっけど、たかが「串カツ」を食べるのに長蛇の列を作るのだけは、やめなはれ。その店が混んでたら、他の店に行きなはれ……これが「新世界」の流儀やったはずだ。並んでまでモノ喰うのは、喰うモンが無《の》うて**炊き出し**の恩恵を受ける時だけにしまひょ。加えて、店側にも一言いいたい。下品な客の呼び込みや「わざと並ばせる」セコイ商売は、即刻やめてもらいたい！　自分の味の好みは、オノレで決めまんねん。

《入っちゃいけない、行列のできる店》――「新世界の現状を憂う会・代表」不肖私メ、パギやんの格言でおまっ。

新今宮のランドマーク「あいりん職安」

### ●消えた地名「釜ヶ崎」が生きてる「三角公園」

ジャンジャン町を南側に出て大通を渡り、**飛田本通商店街**（通称：動物園前1番街）を抜けて「2番街」に入ったら、四つ目の辻を右（東）へ折れます。堺筋に出ますから、それを渡って、阪堺電車「今池駅」のガードをくぐったところが**紀州街道**です。この道は**高麗橋**（中央区）を起点に、もとは海岸に面してた**住吉大社**の前を通って和歌山まで、約五〇キロの最重要道路でした。古代では「岸の辺の道」と称されて、別名**住吉街道**ともいいます。秀吉も家康も、この街道を通ったんでっせ。

『三角《さんかく》公園』［西成区萩之茶屋3－7］は、紀州街道の南西に接してます。この辺りが**釜ヶ崎**の南端で、公園は、日雇い労働者や路上生活者の〝生活の場〟です。炊き出しやさまざまな相互扶助活動の拠点で、夏祭りや「越冬闘争」が行われる場所です。こういった取り組みは、「お盆や年末年始、仕事がなくなる時期をみんなが団結して乗り切ろう」という趣旨で毎年開催されてきました。特に「越冬」は、凍死者や餓死者を出さないことを主目的として、さまざまなボランティア団体や宗教組織、個人や市民グループによって支えられてます。東京・日比谷公園の「年越し派遣村」（二〇〇八、九年）が一時有名になりましたけど、**三角公園**は、何十年も前から、毎日毎日やってまんねん。

釜ヶ崎とは、「摂津国西成郡今宮村水渡釜ヶ崎」のことですが、その字《あざ》は、一九二二（大正11）年に今宮村が大字を改編したことで消滅しました。現在でも「釜ヶ崎」、あるいは「カマ（釜）」という略称で呼ばれている理由は、この地区が日本最大のスラムであり、地名が人口に膾炙《かいしゃ》した（知れわたった）ままだからです。二〇ヘクタール（半径三〇〇メートル）余りの土地に、二〇〇軒以上の簡易宿泊所（通称〝ドヤ〟）があり、約二万五〇〇〇人が住んでいるといわれてます。

地理的には、ＪＲ「新今宮駅」と地下鉄「動物園前駅」から南、阪堺線「南霞町駅」から「今池駅」間と、南海「新今宮駅」から「萩ノ茶屋駅」の間、この一帯になります。

現在、日雇いの仕事はほとんどありません。「釜」の失業率は九〇％を超えていて、外からは「怖い・汚い・近寄りがたい」という偏見で見られて差別されまんねんけど、『釜ヶ崎人情』という歌（作詞：もず唱平、作曲：三山敏、編曲：都築潤、唄：三音英次）の「人はスラムと言うけれど、ここは天国・釜ヶ崎」という歌詞の通り、人々は、日々懸命にこの地で生きてます。三角公園は、その集約の場なんですな。

さて、**長町**の名称変更については『大江神社』の項（133頁）で、**第五回内国勧業博覧会**については『天王寺公園』の項（127頁）で述べましたけど、「その後」談がおまんねん。博覧会を機に、日本橋筋を拡幅するために、また、明治天皇が紀州街道を通るので「見苦しい木賃宿街」を撤去する目的で、長町一帯が再開発（スラム・クリアランス）されました。その時に、人々が追われた先が「釜ヶ崎」やったんです。それがきっかけで、**寄せ場**が形成されてゆきます。追放すると同時に労働力としてはプールしておくという、まったく都合のエエ政策やったんですな。「寄せ場」とは、職を求める日雇い労働者やその求人業者（手配師）が多数集まる場所のことで、労働者側からすると「寄り場」ともいう場合もおます。江戸時代の「人足寄場」が語源で、大阪・あいりん地区（釜ヶ崎）、東京・山谷、横浜・寿町が「日本三大寄せ場」とされてます。

「釜ヶ崎」を「あいりん（愛隣）地区」ともいいますけど、これは一九六六（昭和41）年に行政機関と報道機関が決めた「公」の呼称で、それを使い出した背景には、一九六一（昭和36）年の**第一次釜ヶ崎暴動**がありました。交通事故に遭った日雇い労働者の老人を、西成署員が即死と断定して派出所前の歩道に放置し、老人は死亡した。これに、カマの労働者たちが怒って抗議し暴動に発展したんです。「暴動」は、警察当局が正式に認定するものでして、釜ヶ崎では二〇〇八（平成20）年に「第二四次暴動」が起きています。一九八六（昭和61）年に起きた大暴動の際に、西成署の屋上から実況中継する某放送局のアナウンサーが「みなさん、ここは本当に日本でしょうか」とホザキよったんですけど、テレビに向かってみんなで「ニッポン国・釜ヶ崎ぢゃ、ぼけ！」て、言うたりました。

無残にも更地になった「地蔵尊」跡。カコミは在りし日の「太子地蔵尊」

## ●歴史を物語る「地蔵」「稲荷」「遊郭」

三角公園から堺筋に戻ると、そこは、釜ヶ崎の東に隣接する**太子**《たいし》という小さな地区です。元和年間（一六一五〜二四年）の大坂城下町の整理で、鳶田《とびた》（後に「飛田」）に墓地が移されて刑場も置かれ、**大坂七墓**の一つになります（51頁参照）。『大塩平八郎の乱』の首謀者らもここで処刑されて「晒《さら》し首」になりました。墓地は阪堺線「南霞町駅」南側の一帯に位置していたようで、墓域の他に無縁仏を埋葬する土地もありました。『太子地蔵尊』はもともと墓地内にあったお地蔵さんで、「太子」という町名の起源にもなりました。

**太子地蔵**［西成区萩之茶屋1—4］の区画内には『旧跡／今宮、飛田　太子地蔵尊』碑、『飛田墓地無縁塔』も一緒に並んでたんですけど、二〇一〇年三月に撤去されてしもたんです。長い間、地元で地蔵の世話をしてこられた方が亡くなったあと、地権者が地蔵と石碑

「電光稲荷」。カコミはその敷地内にある「電光社址」の碑

を排除して写真のように更地《さらち》にしてしまい、どこかに移築したのか、廃棄したのか、まったく不明です。史跡の指定を受けていればそんなことはできなかったはずやのに……悔やまれて悔やまれて、しかたない。大阪市教育委員会文化財保護課の怠慢、失策でっせ！

地蔵尊跡地から堺筋を越えると**電光稲荷神社**［西成区太子1―101―10］があります。その手水場《ちょうずば》には「文久二年十一月献造／鳶田世話方」と彫られていて「鳶田」の地名が確認できます。祠《ほこら》の横にドでかい「電光社址《あと》」碑がありますが、これは一八九六（明治29）年にできたマッチ製造会社『電光社』のことです。低賃金で危険・不衛生なマッチ製造は、主に女性や子どもの仕事でしたから、電光社は工場周辺に社宅（電光社長屋）を建てて労働者を確保しました。やがて、長町や他区域からの人口流入が始まり釜ヶ崎が形成されてゆきますが、その核になったのが、まさに「電光社長屋」やったんです（釜ヶ崎資料センター・編『釜ヶ崎

有形文化財「鯛よし百番」

歴史と現在』)。

電光社稲荷から南へ、阪堺線の「今池駅」から堺筋を隔てた東の方角に**松乃木大明神**［西成区太子2－3］があります。住宅に囲まれたごく小さな神社ですが、ここには近松門左衛門の碑と**猫塚**があります。一九〇一（明治34）年に建てられた猫塚は、三味線の胴の形をしていて、三味線に使われる皮を提供してくれる猫の供養塔です。

無残にも破壊・撤去された地蔵尊の跡地と、見向きする人もほとんどない稲荷と猫塚が、「墓地からスラムへ」の変遷と芸能の歴史を、今に至るも証言してまんねん。ぜひ、足を運んでみてください。

再び「飛田本通り」へ入り、右（南）へ少し歩くと**飛田新地**と『飛田遊郭大門』跡が見えてきます。ここは一九一六（大正5）年に築かれた日本最大の遊郭跡で、規模は二万二六〇〇坪、昭和初期に妓楼《ぎろう》の数は二〇〇軒を超えたといわれてます。戦災を免れて戦後は「赤線地帯」となり、一九五八（昭和33）年**売春防止法**施行後は『飛田新地料理組合』となりました。

「赤線」とは、一九五八年以前に公認で売春が行われていた地域の俗称で、警察署の地図に赤い線で囲まれていたことがその語源です。ちなみに、飲食店などの名目で非合法で売春が行われていた地域は「青線」と称しました。

飛田新地は、今も往時の雰囲気と機能を色濃く残していて（井上理津子『さいごの色町 飛田』）、かつて一帯を囲っていた高い壁の跡が、建物の撤去で一部露出している箇所も見うけられます。新地の北東にある料亭**鯛よし百番**［西成区山王3―5―25］は、大正中期に遊廓として建てられた建物をそのまま使用していて、二〇〇〇（平成12）年に国の登録有形文化財となりました。

東京「山谷・浅草・吉原」と、大阪「釜ヶ崎・新世界・飛田」の相似形は、偶然の一致でっしゃろか？

本当は　教えたくない　このお店

## ホルモンうどん『権兵衛』

新今宮駅の東側に位置する、**紀州街道**に架かるガード下にあります。この店も、二代目の息子さんが切り盛りしてて、「この店始めて、六〇年じゃきかんな」と仰《おっしゃ》る元気なお母さん（初代）も、時々店に出てられます。

カウンターの向こうでは、大きな寸胴鍋で大量のホルモンが煮込まれてます。それを小皿に盛って葱と塩をかければ『ホルモン煮』、スープに入れれば『ホルモン汁』（それぞれ一九〇円）、鉄板で焼いて味付けしたら『ホルモン焼き』（二一〇円）、豆腐に載せれば『ホルモンとうふ』（三一〇円）。うどん、ソバ、中華ソバ（西成では「黄ソバ」いいまんねんけど……）に入れれば、『ホルモンうどん』『ホルモンソバ』『ホルモン中華ソバ』（各三五〇円）、そして、極めつけは『ホルモン焼きそば』『ホルモン焼きうどん』（各四一〇円）で、ホルモンとソースの「匂いのハーモニー」の妙に酔いしれます。ホルモン料理には、やっぱ焼酎（一七〇円）が合いまんなぁ。もちろん、「めし（大・中・小）」も、ビール・酒もあります。

あっ、気をつけてくださいね。『権兵衛』の麺類は「二つ玉」で並でんねん。一つ玉なら「小」で注文してください。「大」いうたら、三つ玉で出てきまっせ。

労働者のハラっちゅうもんはな、そういうモンなんぢゃ。

# 13 今宮駅

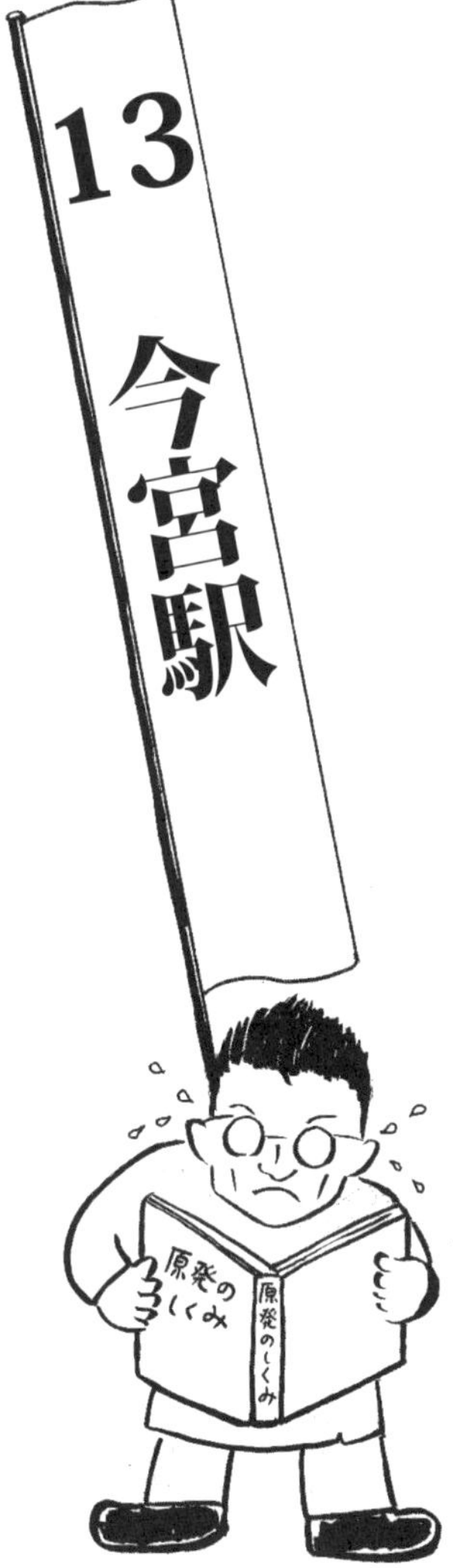


## ●「リバティおおさか（大阪人権博物館）」に行ってみてみ

今宮駅は関西線と環状線が乗り入れていまして、今宮駅は、環状線の中では最も新しい駅です。「新今宮」より「今宮」が新しいというのはおかしな話でっしゃろ。実は、環状線「新今宮」駅ができたんは一九六四（昭和39）年で、一九六六年には「芦原橋」駅の建設も始まりました。それで「関西本線・今宮停車場」の廃止が決められたんですが、地元住民の反対運動でそれが撤回されて、関西線「今宮」駅が残った。その駅に、環状線のホームができて、連結したのが一九九七（平成9）年、というわけですわ。大国町〜浪速界隈は**皮革産業**の中心地で、今宮駅は関西一円から革の買い付けに来る人々にとってなくてはならない駅でした。その駅を守ったという矜持《きょうじ》は、今も地元に息づいています。

「佳き日のために」――西濱水平社発祥の地

西出口を出て「浪速筋」を越えると、「浪速東3公園」に『西濱水平社発祥の地』碑があります。

「自由解放の〈よき日〉をめざし 一九二二年三月三日京都において全国水平社が創立され 同年八月五日、この地に、西浜水平社が創立された。そして、多くの先輩たちは、自らの団結の力をもって差別・迫害にたちむかい（以下略）」

と読めます。

そこからさらに西へ行くと、**リバティおおさか**［浪速区浪速西3－6－36］が見えてきます。この博物館は、①部落問題をはじめとする人権問題に関する調査研究、②関係資料や文化財の収集・保存、③展示・公開を通じて人権思想の普及と人間性豊かな文化の発展に貢献する、という目的で一九八五（昭和60）年に「大阪人権歴史資料館」としてオープン、一九九五年に『大阪人権博物館』に改称されて今日に至ってます。

博物館入り口の建物は、西濱部落の人々が血のにじむような努力で設立・維持・運営してきた『栄小学校』の校舎を一部保存したもの。栄小学校は、一八七二（明治5）年、地元の請願によっ

リバティおおさか正面入り口

「渡辺村」を物語る道標

て西成郡渡辺村（後に西濱）に創立された小学校が、その起源です。当時の学校建設はすべて地元負担で、三年間で二万円を積み立てて、一八七五年に立派な校舎が建てられました。新聞などでは「日本第一ノ小学校」などと評され、維持運営費の捻出も西濱部落の人々が努力したんやそうです。

博物館では、展示はもちろんのこと、さまざまなビデオや証言などの映像資料が自由に閲覧できます。何と言っても、ガイドボランティアの丁寧な説明がよろしいなぁ。展示の内容を、より深く理解できます。「リバティ・ホール」では、伝統芸能や文化公演も、年に何回か行われますから、スケジュールを確認した上でご訪問ください。

展示と豊富な映像資料をじっくり見ようと思えば、ゆうに半日はかかりますが、それだけの時間を費やす価値は充分にありまっせ。「あなたの知らない日本」が眼前に展開し、さまざまな体験と新たな発見に浴すること、間違いおまへん！

館を見た後は、近くにある**浪速神社**［浪速区浪速西3—10］に寄ってみるのもよろしおます。夏祭りに「布団太鼓」の巡行がありますけど、「♪浪速は太鼓の町故に〜」というお囃子《はやし》は、この地元ならですわ。

## ●「木津の勘助」を知らん?!　バチ当たるで

今宮駅の東口を出て国道25号線を東へ歩くと、大国《おおくに》町交差点までの道のりに、皮革関係の商店や会社がたくさん並んでまして、交差点の南には『アルフィック大阪（大阪皮革産業会館）』が建ってます。なるほど、この界隈は「皮革のメッカ」なんですな。

交差点の南北に通っているのが国道26号線で、それを北へ行きましょう。左手にあるのが**敷津《しきつ》松之宮《まつのみや》・大国主神社**［浪速区敷津西1—2］で、南の入り口には「敷津松之宮」とあり、東の入り口が「大国主神社」で、ちょっとややこしい……。太古の昔、ここから西は海岸で、地域の鎮守であったこのお宮は、山のてっぺんにあったそうです。敷津浦の航海の安全を願って植えた三本の松を「敷津松」と呼んだんで、『敷津松之宮』と称されるようになりましてん。ほんで、後から、その神社の中に「大黒様」を祀った『大国主神社』ができた。「今宮の戎《えべっ》さん」「木津の大黒さん」と親しまれて、「戎、大黒、両社詣って本まいり」と、今も信仰を集めてます。
ちなみに、大黒の「だいこく」が大国に通じるため、室町時代以降は「神道」の神である「大《おお》国主命《くにぬしのみこと》」と習合されて、民間信仰の対象となりました。七福神の「大黒様」は食物・財福を司る神で、米俵に乗り福袋と打出の小槌を持った、お馴染みの長者顔で笑顔の神さんでっせ。「大《おお》国《くに》」と「大黒《だいこく》」は、一応、区別しときまひょな。

上・東側は「大国主神社」　下・南側は「敷津松之宮」

神社の境内には、上方落語の古典としても人気のある浪速の侠客**木津の勘助**の像があります。さらに、神社の西北に位置する**鴎《かもめ》町公園**［浪速区敷津西1—7］には**勘助橋跡**が残ってて、こんな粋な文句が刻まれてまんねん。

「木津の勘助」像（昭和 29 年設立）

橋は無《の》うても　勘助橋は
残りますぞへ　いつまでも

勘助は大坂木津村の農民で、江戸時代前期には開拓者となります。姫島に堤防を築いて田畑を造成し、木津川を開削して水運開発にも尽力しました。姫島はのちに**勘助島**とよばれ大国町付近にも、昔は**勘助町**とい

巨大獅子頭の口の中は「舞台」（難波八坂神社）

う地名がおました。一六六一（寛文元）年、窮民救済のため幕府の米倉（次章「難波御蔵・難波新川（極貧堀）」参照）を破って処刑、享年七五歳でした。

鴎町公園まで足を伸ばしたなら、ついでに**難波八坂神社**［浪速区元町2—9］の獅子舞台も見まひょか。高さ一二メートル、幅と奥行き七メートル、という巨大獅子頭が、そのまま夏祭りや神事の際に舞台になりまんねんて。面白すぎる……圧巻です！

リニューアルした「木津卸売市場」

大国主神社から国道26号線を東に渡ると『大阪木津卸売市場』が見えてきます。**木津市場**は、〝くいだおれの町・大阪〟を三〇〇年にわたって支えてきた由緒ある市場で、二〇一〇年九月にリニューアルオープンしました。大坂の野菜売買は「天満青物市場」が独占してました（35頁参照）けど、一八一〇（文化7）年に、大坂代官・篠山十兵衛の尽力で、木津村に市場開設の官許が出されました。これが木津市場［浪速区敷津東2—2—8］の始まりですわ。十兵衛はその功徳により、難波八坂神社の祠《ほこら》に祀られてます。

木津市場のウリは何というても近海物の魚介類で、老舗の寿司屋・居酒屋・食堂の店主らは「魚は木津」と頑固に譲りまへんな。木津市場で生鮮食料品を取り扱う業者の扶助組織として始まった『木津信用組合』が、バブル経済の波に乗って、不動産関係の融資で破綻した（一九九五年）のは記憶に新しいですけど、そんな暗いイメージを吹き飛ばすかのような勢いとやる気が、今の木津市場に溢れてます。一般客相手の**朝市**も好評でっせ。

「おっちゃん、この魚ウマいな。木津か？」

「そや。魚はなんちゅうても木津や」

今日も大阪のどこかの店で、こんなやりとりがされてるはずですわ。

## ●潰れんとってや「鶴見橋《つるんばし》商店街」

地下鉄「大国町」駅から一駅南へ、「花園町」駅で降りてください。ま、いつものように歩いても、一向にかまいませんけど……。26号線から西へ、約一キロにわたって**鶴見橋商店街**のアーケードが延びてます。こっちが、商店街の「東」です。一昔前までは、天神橋筋商店街に次ぐ「日本で二番目に長い商店街」「靴の町」として、大いに賑わいましたんやが、残念ながら、今はかなり寂れてしまいました。けど、「アートフェスティバル」やらさまざまなイベント、また〝国際化〟する隣接地域の特色を生かした街づくりなんかの試みが、商店会や地域振興会を中心に進められてます。ここは僕が生まれ育った町やから、特別の愛着がありまんねん。

商店街の西端に高速道路が通ってますが、『鶴見橋』はここにありました。それから先は**津守商店街**となり、さらに**新なにわ筋**の大通りを渡ると「西成高校」「西成公園」「津守浄水場」があ

▲大日本紡績「五百圓」の寄付（津守神社）
◀黄昏の「鶴見橋商店街」

ります。この一帯は、一九〇九（明治42）年にできた『摂津紡績』（のちの大日本紡績、ニチボー、ユニチカ）の跡地です。現在の鶴見橋通りの中央部辺りに、その社宅・寄宿舎ができて、大正年間に紡績女工たちの生活圏が形成されると同時に、この商店街が発達したんです（『西成区史』昭和43年度版）。江戸時代に、**津守新田**が開墾された際に創建された津守神社には「大日本紡績」の玉垣があって、一九三六（昭和11）年に「五百円」の巨額寄付をしたことが彫られています。つまり鶴見橋商店街の起点は、実は西にあるんですね。

鶴見橋が架かっていた**十三間堀川**は、一六九八（元禄11）年に津守新田の開発に伴って開削された人工の川でしてん。「大和川」と「木津川」の間、現在の住之江区から西成区、浪速区にまたがる約六・七キロの長さで、江戸時代から明治にかけては農業用水と作物運搬に活用されました。また、両岸には松や柳の並木が並び、住吉詣での屋形船がひんぱんに往来して、橋詰には蛤《はまぐり》汁を出す茶店もあったとか。鶴見橋は鶴が飛来するのが見えたことが名前の由来ですから、とても風情のある景色が想像できまんなぁ。

ところが、沿岸一帯が市街地化するにつれて、工場廃水のたれ流しやゴミの不法投棄なんかで、十三間堀川は「悪臭を放つドブ川」になってしもた……。大阪の多くの運河が埋め立てられて、その大半は高速道路になったわけですが、十三間堀川も大阪万博に合わせて埋め立てられて、一九七〇（昭和45）年に阪神高速道路15号堺線が建設されました。

さて、話はいきなり変わりますが、東京オリンピック（一九六四年）で金メダルを獲得して「東洋の魔女」の異名をとった日本女子バレー、その主力は『ニチボー貝塚』の選手たちでした。「ニチボー」の前身は件《くだん》の摂津紡績です。もともと、紡績女工は、「二四時間・三交代制」の過酷な労働を強いられてました。それで、「バレーボール」なんですわ。つまり、女工たちの「健康管理」のために一九二〇年代に導入されたスポーツが「バレーボール」やったんです。知ってはりました？ 鶴見橋、その綺麗な地名には、女工哀史と都市再開発の影が投影されてまんねんで、実は。

街が寂れたとはいえ、太鼓饅頭と冷やし飴《あめ》（飴湯）が名物のうまい堂、戦前からある鶴見橋食堂、手打ちうどんこんぴらさん、洋食自由軒、中華料理コーサン、お好み焼き福ちゃん、焼肉光州園、鶴見園、串カツ登美屋……僕を育ててくれた『つるんばし商店街』の老舗たちは、今も健在です。どうぞ、お越しやす。

本当は 教えたくない このお店

## 無農薬カフェ『キジムナー』

今宮駅から東へまっすぐ徒歩五分、あるいは、地下鉄「大国町」駅５番出口から南へ徒歩三分、**今宮高校**（僕の母校）のトイメンにあります。店内に大きなテーブルが三つ。高い天井、広くて便利なバリア・フリーのトイレ、サニールーム・テラスもあります。コーヒーは無農薬で、自家焙煎。パンは、同じ建物にある「無添加・天然酵母のパン屋さん」で焼いたもの。掛け値なしに、ウマイ！　沖縄ソバもあります。お酒も呑めます。四階のホールで、ライヴも聴けます。開放感いっぱいの『キジムナー』です。この店は、もともと鶴見橋商店街沿いにありました。僕は、開店の時からの常連で……といっても、このごろは「ご無沙汰」することが多いのですが。

ここは「共に生きる」場です。「障害者」が当り前に地域に住んで、仕事をして、余暇を楽しみ、生活をする。「障害者」と「健常者」が一方的な負担とかではなく、友達どうしの付き合いが出来るようにするためには、何が必要か。どうすれば「障害者」が自由にのびのび出来て、いろいろな選択が出来るか。「健常者」といろいろな「障害者」との関係はどうなのか。そんなことを考えながら、あれこれと発信する基地、それが『キジムナー』です。

沖縄の妖精・キジムナーが、浪花に出張してきてまんねん！　にふぇーでーびる（おおきに）。

**●「♪浪速は　太鼓の　町故に〜」打〜ちましょ、も一つセッ**

芦原橋駅は、環状線内で「障害者用エレベーター」が取り付けられた最初の駅として知られています。『芦原橋』とは、かつてこの地に流れていた鼬川《いたちがわ》に架かってた橋で、現在では芦原橋交差点付近にある「大阪環状線鼬川橋梁」にその名を残すのみです。駅の西（北）側はあみだ池筋と、東（南）側がなにわ筋と接していて、どちらの道を北上しても、道頓堀川に出ます。駅前には太鼓正［浪速区塩草3―10―17］の大きなビルが聳えて、この地のランドマークになってまんな。他にも『田端』『板東』といった太鼓店があって、ほんまに「♪浪速は太鼓の町」ですわ。

ここ浪速町は、太鼓の産地として三〇〇年の歴史を誇ります。また、全国有数の皮革集散地で、皮革関連産業が伝統的地場産業という、おそらく日本でも希有《けう》な地域でしょうな。「皮革の町」

芦原橋のランドマーク「太鼓正」

としては、他に姫路「高木」、東京「隅田」、奈良「宇《う》陀《だ》」なんかが思い浮かびますが、浪速は産業の規模からして日本最大でっしゃろ。

この界隈では、和太鼓・三味線、綱貫沓《つなぬきくつ》・雪踏《せった》・靴、鞄、衣料品などの日常生活用品から産業用革ベルトにいたるまで、さまざまな商品を作り続けてきました。ところが、世間一般は「浪速」を、歴史的・社会的に差別し続けてきたんです。『太鼓集団・怒』の結成宣言に、この町の人々の思いと願いが込められてますから、ここで紹介します。

「私たちが子どもの頃から育った町・浪速（町）は、昔から皮革産業が盛んな町で、靴やカバン等の皮革製品が数多くありました。牛の皮を干し積み上げられていた町で、皮の臭いと一緒に甲皮《こうひ》を叩く音や型抜きを夜遅くまでしている親の姿がありました。また、『太鼓の町・浪速』とも言われている私たちの浪速（町）には、現在も四軒の太鼓屋さんがあります。年輩の職人さんの多くは、学校にも行けず子どもの頃から見よう見まねで太鼓づくりを覚え、生活の為、生きていく為に太鼓づくりを続けてきました。つくられた太鼓を叩く人たちは、伝統芸能・文化の継承者として賞賛が浴びせられますが、太鼓をつくる職人さんたちがクローズアップされることはありませんでした。その事実こそが部落差別だととらえて、部落の伝統産業・文化をすべての人々が正しく認識してくれるよう、また、伝統文化を自分たちの手に取り戻し『太鼓の音が聞こえる町』という願いから地域の青年たちが中心となって、一九八七年十月に結成しました。世の中のすべての差別に怒りをということから、太鼓集団『怒』と名付けられ、現在十八名の若者が自分たちの生きざまを太鼓を叩くことで表現し、『平和と人権』の大切さを太鼓を通して人々の感性に訴えることを目的に国内をはじめ、海外での太鼓演奏活動に日々、奮闘しています。」

芦原橋駅周辺は**人権・太鼓ロード**として整備され、「浪速」地域の歴史や文化を伝える努力がなされてます。ところが、同和行政をめぐるさまざまな不祥事が続いて、世間の風当たりが、また強くなってしもた……。駅の東南、高架下に続く商店街も、残る店は数軒だけ。残念ながら、この町を出て行ってしまう人々も少なくないんです。そんな中でも、太鼓の音と「靴」を作る槌の音は、今日も響いてます。どんな風が吹こうと、いかなる差別が横行しようと「♪浪速は 太鼓の 町故に～」。寂れたガード下に、**浪速地区歴史展示室**［浪速区浪速東1―4―19］も新たにオープンしました。その二軒隣にある**あとりえ西濱**［浪速区浪速東1―4―17］は、靴づくりの技を今に伝える活動拠点ですねん。いっぺん、寄ってくださいね。

## ●ミナミの喧噪に耐えて…「難波御蔵・難波新川（極貧堀）」跡

芦原橋駅の北西に、南海汐見橋線「芦原町」駅がありますから、そこから電車に乗って一駅、「汐見橋」で降りてください。あるいは、健脚の方は、**なにわ筋**を北へ歩きましょうか。西道頓堀橋まで行きますと**桜川**に町名が変わります。その東側に「JR難波駅」がありますが、ここはもともと関西線の終着駅「湊町」でした（「今宮」駅まで引き返して、関西線に乗って行く手もあります）。関西空港の開港（一九九四年）に合わせて再開発されたこの界隈は、「商業・居住・リゾート」が合体した目映いエリアに変身しました。阪神高速の高架を挟んで向かい合わせに建つ『OCAT』と『湊町リバープレイス』が見る者を圧倒し、さらに東の『なんばパークス』界隈は、「浪速情緒」など一笑して吹き飛ばすかのような激変ぶりですわ。

OCATは、大阪シティエアターミナルの略。一九九六（平

関空景気とバブルの象徴「OCAT」

成8）年「JR難波駅」再開発計画（ルネッサなんば）の一環として開業、関西国際空港や全国各地へ向かうバスのターミナル、ショッピングセンター、市民施設等が入ってます。

**湊町リバープレイス**は二〇〇二（平成14）年にオープン。旧国鉄湊町駅の貨物ヤード跡地に、地下二階・地上六階の「ウォーター・フロント・ゾーン」として開発されました。

**なんばパークス**は、一九九八（平成10）年に解体された**大阪スタヂアム**（**難波球場**）の跡地に、南海電気鉄道が「未来都市なにわ新都」をコンセプトとして再開発しました。建物は「キャナルシティ博多」「六本木ヒルズ」を手がけたジョン・ジャーディ（Jon Jerde）の設計です。

事ほど左様に、キタ（梅田、茶屋町界隈）同様、ミナミ（難波周辺）もバブル経済の波に乗り、再開発の嵐に見舞われて今に至ってる、というわけですな。建物や町並みは「綺麗」なんやけどね、どうも落ち着きがない、無機質でケタタマしいだけの町になってしもた。つまり、「顔」がおまへんねん。ミナミの「個性」というか、「ミナミらしさ」が、完全にのうなってしまいました。

そんな喧噪の中にも、歴史は生き続けてます。大方に無視されてまっけど……。なんばパークス東側の入り口、南海電車のガード下手前にひっそりと建っている**難波御蔵**《おくら》**難波新川跡**［浪速区難波中2―10］碑を振り返る人など、ほとんどおりまへん。

**享保の大飢饉**（一七三二年）の後、離農者が激増して米価が上がり、市中困窮者は当時の調査で六〇〇〇人に達したといわれてます。翌年、幕府は、**西成郡難波村**に災害救援用の米蔵を設置、

「新川」の起点「大黒橋」もリニューアル

「難波御蔵難波新川跡」碑

天領から運んだ米を貯蔵しました。幕府直轄の米蔵であることから『難波御蔵』と呼ばれました。一万三〇〇〇坪の敷地で土塀と松並木がめぐらされ、蔵から少し離れた場所の火災でも、蔵奉行、大坂城代、町奉行、町火消、そして二〇〇人の人足が駆け付けて消火したんやそうです。

その**難波御蔵**への輸送路として開削されたんが**難波新川**です。道頓堀川に架かる**大黒橋**［中央区西心斎橋2～道頓堀2］下から御蔵まで、全長四四三間半（約八〇六メートル）、幅八間（約一四・五メートル）の運河で、この工事では、困窮者の救済を図るために、老人や子どもも含めて働いた者には賃金を与えましたんや。しゃぁから**極貧堀**とも呼ばれたんです。これは、日本で最初の「有償公共工事」でっしゃろな。

『難波御蔵』は、明治維新後も大蔵省所管の米蔵として存続して、一九〇四（明治37）年に、専売局『大阪第一煙草製造所』になりましてん。空襲で焼失して、戦後は南海ホークスの本拠地『大阪スタヂアム』になったんです。難波新川は、一九五九（昭和34）年までに大部分が埋め立てられて、今は阪神高速環状線が走ってます。こ

生活の足「渡し船」（天保山渡船場）

の辺りは昔「蔵前町」という地名で、野球場のスタンドが米蔵跡、マウンドが舟入堀の跡でしてんで。

大阪スタヂアムに祀られていたお稲荷さんは、徳川幕府の蔵があったことにちなんで**葵稲荷大神**ていいまんねん。今は「なんばパークス」の中に、これまた、ひっそりと祀られてます。

## ●船に乗って通勤・通学「落合上渡船場」

大阪市内を「赤バス」（コミュニティ・バス）が縦横無尽に走ってます。運賃は一〇〇円均一、メッチャ便利です。難波から「今宮」駅まで戻って、駅前から「赤バス」の「西成西ループ（外回り）」に乗って五つ目の停留所『落合《おちあい》渡船《とせん》場《ば》』まで行きましょう。あるいは、南海「汐見橋」から乗って「津守」で降りて、西に歩いても近いですね。木津川の河岸に**落合上渡船場**の小さい表示があります。ここは西成区北津守四丁目で、ほんまは、位置的には鶴見橋商店街を抜けて、「津守」駅を過ぎて歩いた方が便利なんですけど……。「渡し船」には、独特の風情がおまんなぁ。キタやミナミの再開発地域からはとうの昔に消えてしもた「水の都・大阪」の情景が、こんな辺鄙《へんぴ》な場所で息づいてまんねん。

歩行者と自転車専用で無償、つまり「タダ」です。一九二〇（大正9）年から、ずっと無料でんねん。大阪市も、エエとこおまっしゃろ。運航時間は、だいたい午前六時台から午後九時台まで。この「だいたい」が、実に大阪らしおまんな。

**公営渡船**の歴史は、一八九一（明治24）に大阪府が「渡船営業規則」を定めたことに始まります。一九〇七（明治40）年に、安治川・尻無川・淀川など、二九の渡船場が市営になりましてん。その後、渡船場三一ヵ所、船舶数六九隻（そのなかには、手漕船も含まれます）に増えましたけど、やがて、橋梁《きょうりょう》の架設や道路施設の整備で次第に廃止されました。戦災で焼失した船も多かったけど、一九四八（昭和23）年に一五ヵ所で再開されて今にいたってる、というわけです。

落合上の船は**木津川水門**のすぐ南を通ります。このアーチ型の水門は、造船所などが建ち並ぶ木津川に寄せてくる大阪湾からの高潮をせき止めるために建造されました。とてつもなく大きくて、渡し船は、まるで鯨の口から逃げる小魚のように、対岸の**大正区**へと急ぎます。

朝の通勤・通学時には、大正区側から乗船する高校生が仰山《ぎょうさん》いてます。船長や船員さんは、乗船客と顔なじみなんでしょうな、親しげに挨拶したり、世間話なんかしてはりますわ。そんな光景が何十年も変わってないんでしょうなぁ。何とも微笑ましい限りです。

大阪市営の渡船場《とせんば》８カ所

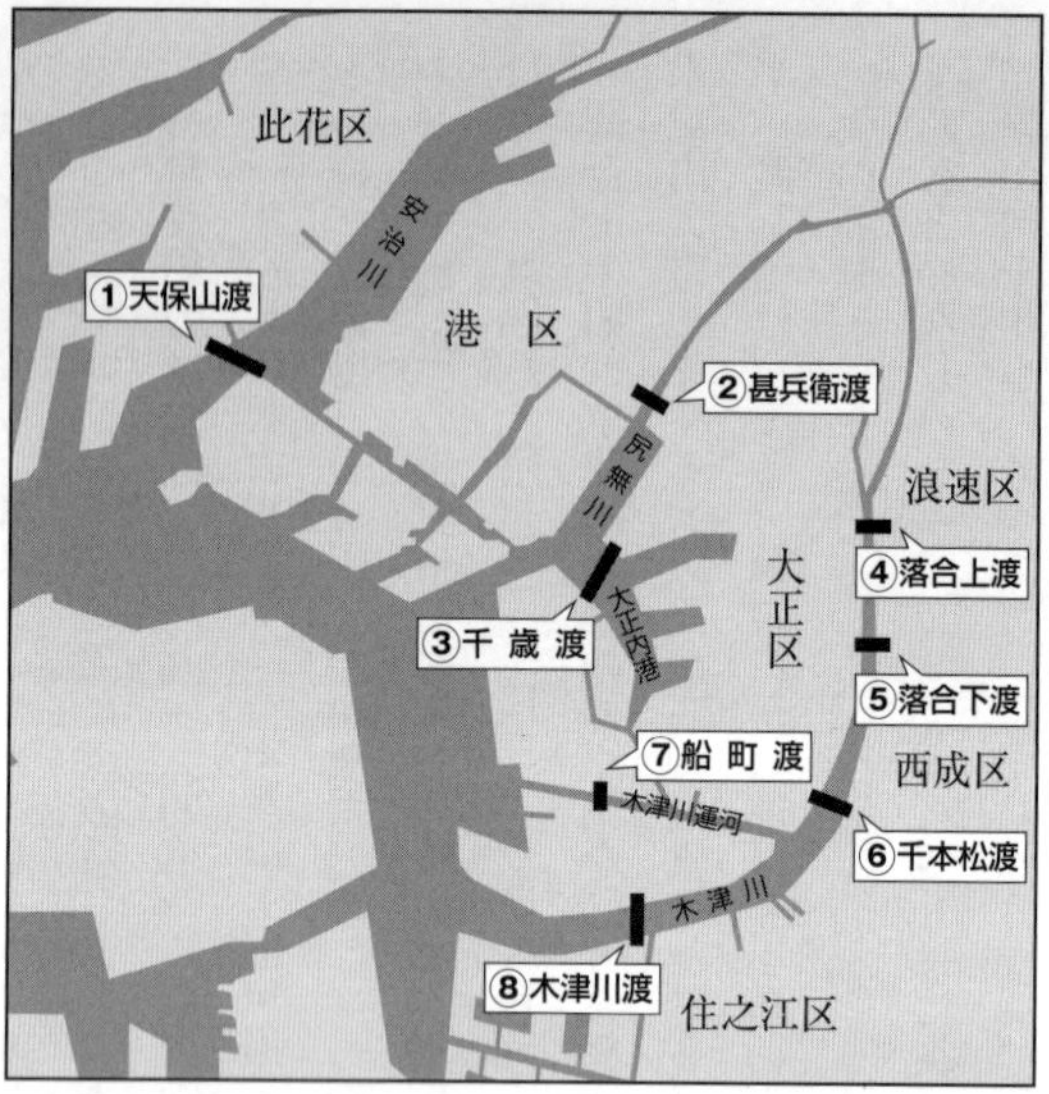


現在、大阪市営の渡船場が次のように八ヵ所あって、一五隻の船が運航してます。全部巡ってみるのも、エエんちゃいまっか？

・安治川：天保山渡《わたし》（港区築港３丁目―此花区桜島３丁目）
・尻無川：甚兵衛渡（大正区泉尾７丁目―港区福崎１丁目）
・大正内港：千歳渡（大正区北恩加島２丁目―大正区鶴町４丁目）
・木津川：落合上渡（大正区千島１丁目―西成区北津守３丁目）
　落合下渡（大正区平尾１丁目―西成区津守２丁目）
　千本松渡（大正区南恩加島１丁目―西成区南津守２丁目）
　木津川渡（大正区船町２丁目―住之江区平林北１丁目）
・木津川運河：船町渡（大正区鶴町１丁目―大正区船町１丁目）

僕ら小学校低学年のころ「渡船に乗る」のは、スリル満点のちょっとした冒険でした。親から「危ないから子どもだけで乗ったらアカン」と言われてたけど、友達と計ってこっそり、よう乗ったもんです。木津川は川幅があり、両岸には工場群が建ち並んでて、殺風景そのものです。でも、対岸の大正区には綺麗な**千島公園・昭和山**があって、下船したときのワクワクする気持ちが、今も蘇ってきます。

♪大阪の「渡し」の灯よ、い～つまでもぉ～。

本当は　教えたくない　このお店

## 名物・そば飯『大西お好み焼き店』

芦原橋駅の南口をでて、大通り（新なにわ筋）を南へ徒歩五分。「浪速東3」の交差点を左（東）に入ると、「市営浪速第10住宅1号館」の一階に『大西』の暖簾《のれん》が揺れてます。椅子席・八、カウンター一〇席だけですが、店内は広く、ゆったり感があります。

ここの名物は、何といっても「カス入りそば飯」。焼きそばに冷や飯を入れて濃いめのソースで炒める、「そば」は食べやすいように細かく・短くテコで切る――これが「そば飯」です。それに「カス」が入ると、えも言われぬ妙味を醸し出すんですな。「カス」とは「油かす」のこと。もともとは副産物でしたが、牛の腸を加工して「油かす」そのものを作ります。食通だけが知ってた「油かす」ですが、何のこっちゃない、ムラ（被差別部落のことを、僕らはこう呼びます）では昔からの日常食材です。「カスうどん」が、このごろは一般的になりましたなぁ。ちなみに馬肉の燻製「さいぼし」も、もともとはムラの喰いモンでっせ。

『大西』秘伝のソースの味は、他の追随を許しません。女将さんは三代目で、店はこの地で三〇年以上続いてます。「豚玉」四五〇円、「モダン焼き」六五〇円と格安。口直しに、金時や白玉を乗せた「ういろ」（三五〇円～）をお食べやす。

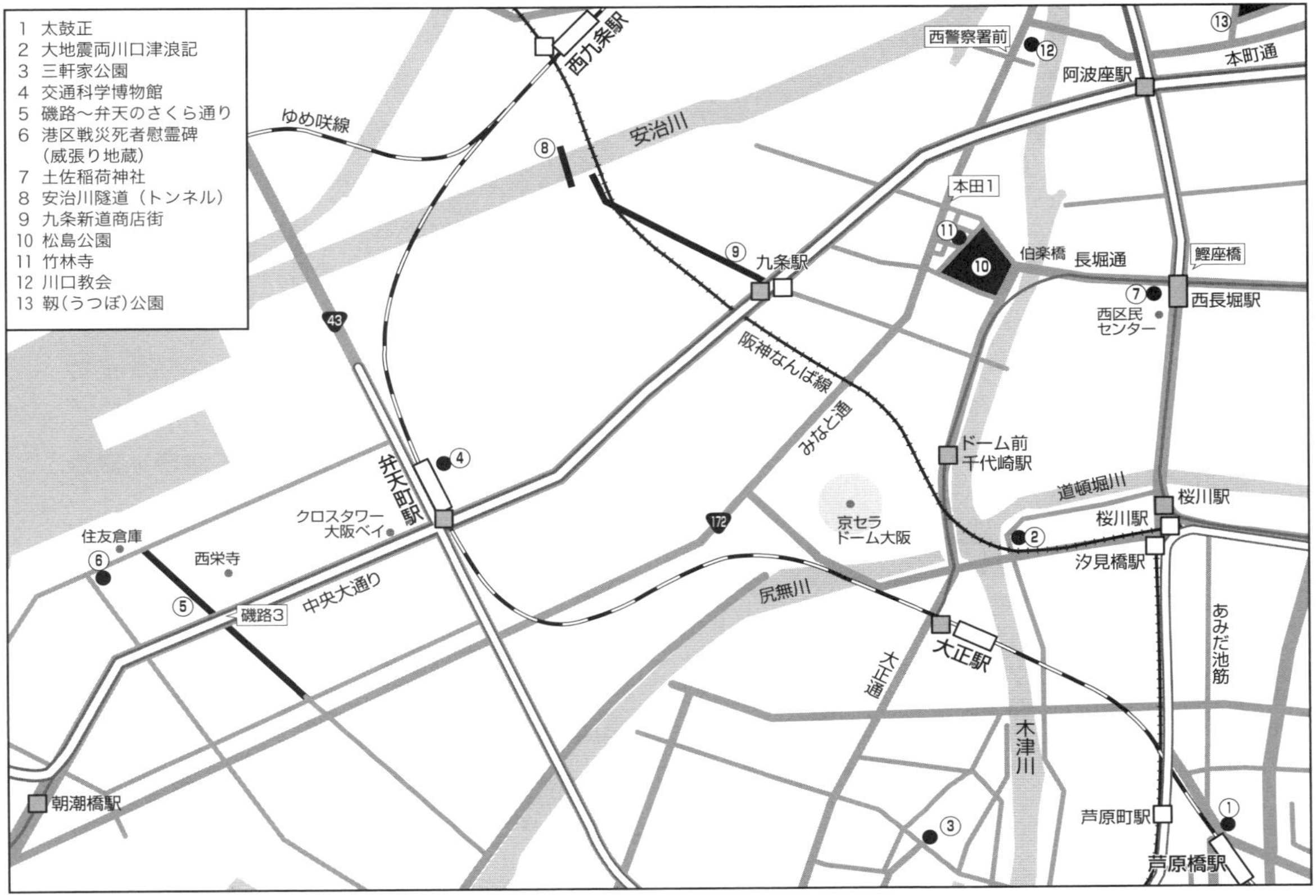

1 太鼓正
2 大地震両川口津浪記
3 三軒家公園
4 交通科学博物館
5 磯路～弁天のさくら通り
6 港区戦災死者慰霊碑
（威張り地蔵）
7 土佐稲荷神社
8 安治川隧道（トンネル）
9 九条新道商店街
10 松島公園
11 竹林寺
12 川口教会
13 靭（うつぼ）公園
西九条駅
ゆめ咲線
安治川
西警察署前
阿波座駅
本町通
本田1
九条駅
伯楽橋
長堀通
鰹座橋
西長堀駅
西区民
センター
阪神なんば線
みなと通
ドーム前
千代崎駅
道頓堀川
桜川駅
桜川駅
汐見橋駅
京セラ
ドーム大阪
弁天町駅
クロスタワー
大阪ベイ
住友倉庫
西栄寺
中央大通り
磯路3
尻無川
大正駅
大正通
あみだ池筋
木津川
朝潮橋駅
芦原町駅
芦原橋駅

# 15 大正駅

## ●先人の智恵と教え「大地震両川口津浪記」

**大正区**は大阪湾にできた三角州の一つです。**木津川**と**尻無川**に挟まれてまして、西端が大阪湾に突き出てる……つまり**大阪港**ですわ。大正時代に「区」になったから「大正区」、いうのは広く信じられている誤解（「大正区」がでけたんは昭和7年）でして、実は、木津川に架かる『大正橋』が区名の由来でんねん。

ここで「川と区」の説明をしといた方がよろしおますな。『毛馬《けま》の閘門《こうもん》』のところで触れた**旧淀川**は、西に流れて**堂島川**と**土佐堀川**に別れます。その中洲が「中之島」。この二つの川は、「西区川口」の辺りで、また二手に分かれまんねん。名前が変わって、西の方へ**安治川**が大阪湾に注ぎます。そして南の方に**木津川**となって、これも大阪湾へ。木津川の東岸が浪速区・西成区・住之江区で、大正区は西岸です。

　この巨大な三角州ですけど、江戸から明治にかけて盛んに新田開発がされたんです。開発した人物の名前が区内の地名になってる所が多い。たとえば、「北村」は「北村六右衛門」で、「泉尾」はその六右衛門の出身地。「恩加島」は岡島嘉平次、「千島・小林」は嘉平次の出身地、「平尾」は平尾与左衛門、てな具合です。ちなみに「三軒家」は、木津勘助（155〜157頁参照）が開発しましてんで。

　さて、地形を頭に入れたら、大正駅の西口を出て大正通に沿って北に歩いてください。木津川に架かる**大正橋**があります。ここは、中央区から延びる千日前通りの西端でして、橋の北西に「大阪ドーム」が見えまっしゃろ。千日前通りに並行して流れる**道頓堀川**も、この大正橋で**尻無川**に名前が変わって、これまた、大阪湾へ——。

大正区名の由来「大正橋」

　大正橋を東へ渡りますと、その東詰北側に**大地震両川口津浪記**［浪速区幸町3—9］の表示板と大きな供養碑があります。「両川口」とは安治川と木津川のことです。碑の西面（津波が押し寄せてきた方角）には「南無阿弥陀仏／南無妙法蓮華経」と彫られてて、北面には「安政二年七月建立　施主　長堀茂左衛門町丁人」その他、発起人の氏名

**大川（旧淀川）・堂島川・土佐堀川に架かる23の「橋」**

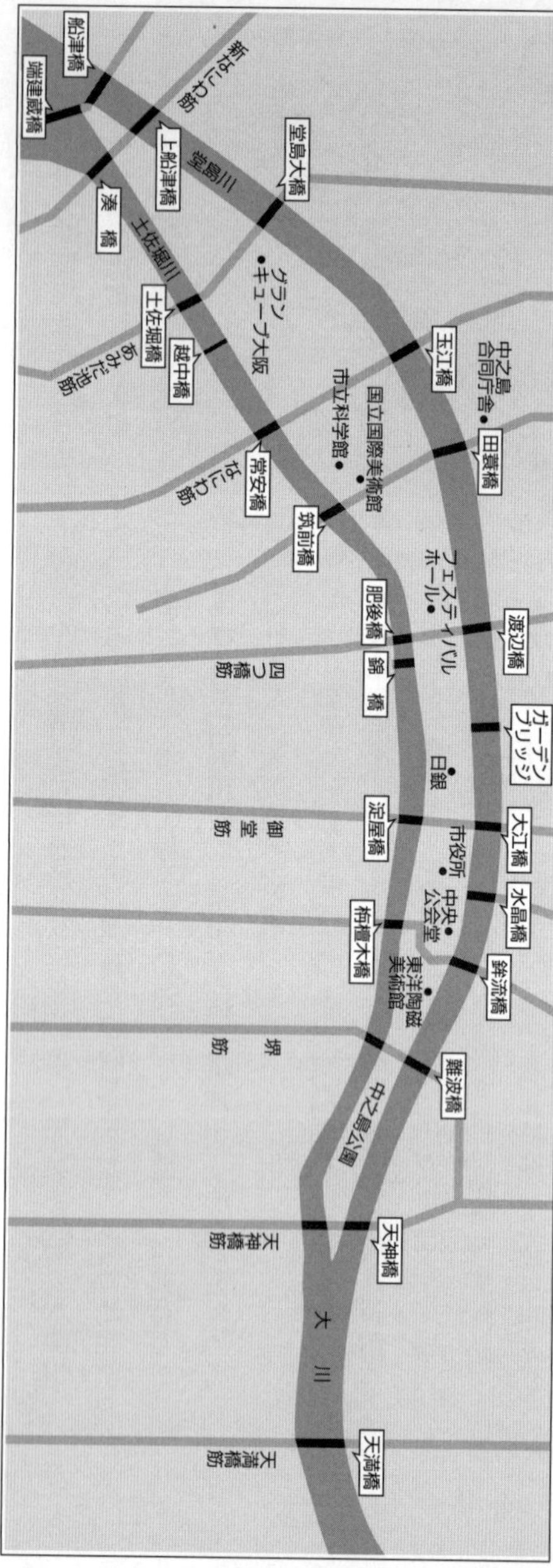


が並んでます。東面から南面にかけて記されている文言は、石碑の風化で読みづろうなってまして木版に復刻、その横の金属板には現代語訳が記されてます。要約すると――

「嘉永七（一八五四）年六月十四日子刻（午前〇時）頃、大地震があり、大阪の町衆は四、五日眠れぬ夜を明かした。三重や奈良では多くの死者が出た。同年、十一月四日辰刻（午

地震と津波の教訓を伝える「供養碑」

前八時）にも大地震、水上なら安全だろうと小舟で避難したところ、翌五日申刻（午後四時）また大地震、家々は崩れ落ち火災が発生して……雷のように響きながら大津浪が安治川、木津川より押寄せ、両川筋の大小の舟を打砕き、橋を流し、打上げられた舟が納家をつぶし人々のさけぶ声……壊れた船の山ができたほどだ。宝永四（一七〇七）年の大地震の時も同じような惨事があった。今後もこのようなことが起こりうるから、地震が発生したら津波が起こると心得ておき、船での避難は絶対にしてはならない。火事も起こるから、大事なものは常に保管し、火の用心が肝心である。津波は沖から来るだけではない、海辺の田畑が崩れ、池の水が溢れ出すこともある。津波の勢いは普通の高潮とは違うということを忘れるな。犠牲者の冥福を祈りつつ、心ある人々は時々この碑文を読みやすいように墨を入れて後世に伝えて欲しい」

一九九五年の阪神淡路大震災で問題になった**液状化現象**にも言及していることがわかりまんな。そして、二〇一一年『東日本大震災』の大津波の被害を、改めて思い起こさん人はおまへんやろ。この碑文にある通り、地震と津波の教訓を現代に伝える努力を怠らず、新たに碑文が建立されていることは敬服に値しまっせ。おおきに、おおきに！

けど、この教えも「原発事故」には無力ですなぁ。先人の智恵に感謝すると同時に、出るは溜息ばかりなり……溜息ついてんと、気を取り直しまひょ！

## ●「昭和山」から女工哀史が見える…か？　近代紡績工業発祥の地

大正区内の移動はバスに頼らざるを得ません。駅前の電光掲示板には一八の「バス系統案内」がありますから一目瞭然、至極便利です。ま、お金のある人はタクシーで……。駅前からバスに乗って大正通を南へ、「三軒家東４」で降りて少し東へ行くと**三軒家公園**があります。テニスコートもある広い公園で、秋に色づく銀杏《いちょう》で有名。**近代紡績工業発祥の地碑**は、その北東隅に建ってます。一八八二（明治15）年に、渋沢栄一や藤田伝三郎らが出資して『大阪紡績会社』（現：【TOYOBO】東洋紡）が、西成郡三軒家村で操業を始めました。昭和の時代、大阪紡績は世界最大の紡績会社になりましたが、太平洋戦争時に軍需工場にさせられて、大阪大空襲で焼けたんです。

**渋沢栄一**（一八四〇～一九三一年）は、幕末の幕臣、明治・大正期の大蔵官僚、実業家で、第一国立銀行や東京証券取引所など多種多様な企業の設立・経営に関与し「日本資本主義の父」といわれる、あまりにも有名な人物。**藤田伝三郎**（一八四一～一九一二年）は、明治期関西財界の中心人物の一人で「藤田財閥」の創立者、民間人で初めての男爵になった男でんな。

**三軒家村**は、古くからの船着場でしてん。石炭や原料の綿花の搬入、また製品の運搬に利便やったから、この地が選ばれたんでしょうね。明治二〇年代には、ここを中心に数多くの紡績・繊維会社ができました。日清・日露戦争時代に、大阪は「東洋のマンチェスター」の異名をとる工業都市（杉原・玉井編『大正／大阪／スラム』）になります。近郊農村やった今の大正区に、貯木場、自動車工場、鉄工所、造船所などが次々と建設されました。「家が少ないから三軒家」と名付けられたこの地が、阪神工業地帯の一角を占める重工業集積地へと姿を変えたんです。と同時に、こうした工場の労働者として、沖縄から多くの人々が大正区に住むようになった。沖縄民謡『女工節』は

近代紡績工業発祥の地（三軒家公園）

「昭和山」入り口（千島公園）

紡績や　あんまー　楽んでぃる来《ちゃ》しが　楽やまたあら
ん　哀りどー　あんまー

と歌います。「母さん、紡績は楽だって聞いてやって来たのに、楽なんてありゃあしない。辛いよ、母さん……」という意味ですわ。そうそう、「あんまー」はウチナーグチ（琉球語）で「お母さん」のこと（ちなみに朝鮮語、韓国語では「オンマー」）です。

さて、再びバスに乗って「大正区役所」前で降りると、「区民ホール」「千島体育館」の背景に、**千島公園**［大正区千島2］があります。この一帯は、かつて貯木場や製材工場が建設され、「木材工業の街」やったんですが、地盤沈下の悪影響で貯木場は六〇年代に住吉区平林に移転しました（現・住之江区）。その跡地に**港の見える丘公園**ができて、周囲に公団住宅やら公共施設ができました。そのころ、**大阪万博**（一九七〇年）を控えて、大阪市営地下鉄の路線整備が急速に進んでました。その地下鉄建設工事で出た、ダンプカー五七万台分の残土一七〇万立方メートルを使用して建設された山が**昭和山**《しょうわざん》（標高三三メートル）です。その後、ツツジやソテツなどが豊富に植えられた『千島公園』が整備されて、大正区の花・ツツジは、ここから選定されましたんやで。

「平尾本通商店街」西入口

商店街を飾るペナント

千島公園の東、木津川の向こう岸に、前章で触れた**落合上渡船場**があります。子ども時分、僕らは渡し船で木津川を何度も往復して、人工の山が造られていく様子を垣間見ていました。神戸の「ポート・アイランド」「六甲アイランド」は、六甲山を造成してその土で埋め立てたから「山、海へ行く」なんて、高度経済成長を謳歌する謳い文句がおましたけど、昭和山は、さしずめ「地下、山になる」でっしゃろか。

## ●リトル沖縄「平尾商店街」と「木津川飛行場跡」

「平尾」でバスを降りると、すぐ東に**サンクス平尾**［大正区平尾3］のアーケードが見えます。ここは「大正区の中で最も沖縄色がよく出ている商店街」「リトル沖縄」などと情報誌やマスコミでも取り上げられることが多いんですけど、そんな雰囲気は、いっさいございません。ごく、フツーの商店街です。「わ、沖縄〜」なんて期待して訪れると、札幌の時計台よろしく「がっかり

▲工場街に立つ「木津川飛行場跡」碑
ミニ美術館の趣をもつ「萬歳湯」▶

スポット」になってしまいまっせ。けど、それはこの商店街の責任とちゃいまっさかい、誤解なきように。

落ち着いた通りを歩いていくと、沖縄の食材を置いている肉屋・豆腐屋・八百屋・惣菜屋さん等に気付きます。もちろん、沖縄料理店も少なくありませんが、「沖縄料理」とわざわざ銘打ってるんやのうて、ありふれた大衆食堂や居酒屋ですわ。つまり「デフォルメされた沖縄イメージ」が陳列されているのではなく、生活の中に沖縄が自然に根付いてまんねんな。しっかりした個人商店が並ぶ商店街を、ゆっくり歩いてみてください。「がっかり」やのうて「にっこりスポット」になること、請け合いでおまっ！

散歩・買い物した後は、一九五九（昭和33）年創業の**萬歳湯**［大正区平尾3―12―10］に寄ってみまひょ。玄関を入ると「福助人形」が出迎えてくれて、年季が入った折《お》り上《あ》げ格天井《ごうてんじょう》（枡形が並んだ格天井で周囲より中央部分が一段高い天井）は「まさに、これぞ風呂屋」の趣。浴室に入ると、画廊のような「タイル絵」がズラリ。浦島太郎、桃太郎、金太郎に会えます。

さて、「平尾」から二つ目の「大運橋通」でバスを降りて南へ歩くか、あるいは「七〇系統」バスを待って、終点の一つ手前「中船橋」まで行くか、どちらかになりますが、「新木津川大橋」の真下に『木津川飛行場跡』［大正区船町1―1］の碑があります。説明板によると――

「……大正十一年からは空の定期貨物輸送も始まり、大阪から東京、徳島、高松、別府などへの路線が次々と開設されましたが、当時はまだ木津川河口や堺の水上飛行場を利用していました。……昭和二（一九二七）年に着工し、昭和四年には未完成のまま東京・大阪・福岡間に1日1往復の定期旅客便が就航しました。／しかし、市街地からの交通の便が悪く、地盤不良で雨天時の離着陸も困難であったため、昭和九年の八尾空港、十四年の伊丹空港完成により、その役割を終え、十四年には閉鎖されました。」

東京・羽田より二年も早うから、**木津川飛行場**には民間機が離着陸してたんですなぁ。ところが、すぐ近くに工場群があり、煙突と煙が離着陸の障害となって、飛行機が煙突に衝突する事故も発生したんやそうです。この辺りは、住友セメント、クボタ、中山製鋼所、三菱ガス化学、日立造船と大工場が居並ぶばかりで、人の生活の匂いなどいっさいおまへん。一人で歩くと、空恐ろしいほどです。碑の横に「船町緑地」の看板があるんですけど、フェンスに囲まれた植え込みがあるだけで、ここを散歩する気になる人は……おまへんやろ。

大正駅へ帰る途中、「小林」でバスを降りて『関西沖縄文庫』を訪れてみてください。ここは一九八五年に設立された民間組織で、沖縄や先島《さきしま》・奄美《あまみ》諸島関係の図書（約六〇〇〇冊）の閲覧と貸し出し、大正区内のフィールドワーク、ライブ、三線《さんしん》教室など、多種多様な文化活動を展開してます。「区役所前」で降りて、『大阪沖縄会館』に寄ってみるのもよろしいなぁ。大阪沖縄県人会、旅行会社、喫茶店、沖縄民芸品店、酒販会社、琉舞や民謡の会などがある、在阪ウチナーンチュのための総合会館です。

本当は 教えたくない このお店

## 沖縄酒家『ゆんた』

大正駅前のみならず、同区内で沖縄料理の店は珍しくありません。もちろん観光客だけが来るような処もありますが、大抵は、強いて「沖縄料理」という必要などないのです。

大正駅の改札口から出口を右（北）へ出て、また右へ。ガード沿いに木津川の手前まで、けばけばしくも賑《にぎ》やかな飲食街が、ずーっと続きます。その東端にぽつねんと『ゆんた』が存在し続けて、はや一八年が経ちました。

カウンター席一〇、座敷テーブル三つだけの、こじんまりした店に入ると「古酒《クース》・琉球王朝」

五升甕《かめ》がお出迎え。泡盛の棚には一〇〇本をゆうに越えるキープ・ボトルが居並んで、圧巻です。ラフティ（豚・三枚肉の煮付け）、テビチィ（豚足煮付け）、ソーミン・チャンプルー、ゴーヤ・チャンプルー、ソーキそば、ジーマミ・トーフ（ピーナッツの豆腐）等々、沖縄料理の定番や「天ぷら・刺身」類はもちろんのこと、この店のウリは「ゆんた・オリジナル・メニュー」なのであります。

「ラフキム・チャンプルー」は、ラフティとキムチ、そして豆腐と野菜の炒め物。濃厚なタレ味と圧倒的な量の多さを誇ります。「ジーマミ揚げ出し豆腐」は極上のまろやかさ。「ゆんたそば」には野菜の具が盛りだくさんで、「琉球ハイボール」の人気が急上昇。「チャンプルー・スパゲッティ」は女性客にも人気です。さらに、極めつけは『紅濱の唐芙蓉』で、赤い二立方センチメートルの「豆腐よう」が五〇〇円ですが、この風味、決して高いことおまへん。

「沖縄ブーム」とは縁遠い沖縄、大阪大正の地に根ざしたオキナワの味を、ゆっくりご堪能ください。

# 16 弁天町駅

## ●子どもらの夢そそる「交通科学博物館」

弁天町は大阪港の入り口として、昔から賑わいました。「波除《なみよけ》」「磯路《いそじ》」なんていう地名が「ここは湊（港）やで」と、問わず語りに教えてくれます。今は『天保山《てんぽうざん》ウォーターフロント』へ向かう交通アクセスの要所、いわゆる**大阪ベイ・エリア**の玄関でんな。

駅に降り立つと、まず気が削《そ》がれます。高速道路と鉄道の高架が二重三重・四重五重、ぐにゃぐにゃに交差して、その下では大型トラックや乗用車が国道43号線に充満……常に交通渋滞。道路一本渡れないし、越えられない。歩道橋か地下道を使わんと絶対に移動できない「駅前」、思わず生唾をのみ込んでしまう……。

**大阪市港区**は一九二五（大正14）年に「北区」と「西区」の一部から分離してできたんですけ

道路・高架・地下道が交差する弁天町駅前

ど、最初は「大正区」も港区の一部でしたんや。前章で解説した**安治川**と**尻無川**に挟まれた三角州とその沖にある三つの埋め立て地、これが今現在の「港区」です。大阪市が駅前市有地の再開発に着手してから、『オーク２００』『クロスタワー大阪ベイ』などの高層ビルが建ち並ぶ「大阪の副都心」になりました。

**オーク２００**は弁天町駅に隣接する総合施設で、弁天町駅から連絡通路で直行できまんねん。「オーク（ＯＲＣ）」とは「大阪リゾートシティ」の意味やそうで、最高部の高さは二〇〇メートル、敷地面積約三万平方メートル。レストラン、公共施設、ホテル、マンション、オフィス、病院、ラジオ局なんかが雑居してます。ご多分にもれず「空き屋」が目立って、負債は数百億。

**クロスタワー大阪ベイ**は地上五四階、地下二階で「日本で一番高い超高層マンション」いうて威張ってましたが、二〇〇九年、中央区の**北浜タワー**に抜かれました。

この界隈も「再開発ブーム」の波を思いっきり被った、

ハコモノならぬ「巨大タワーモノ」が庶民の生活を抑圧するコワイ町になってしまいました。

そんな殺風景な中に、駅の高架の真横にある**交通科学博物館**［港区波除3―11―10］が昔ながらの佇《たたず》まいを見せているのは嬉しい限りです。（財）交通文化振興財団が運営するこの博物館は、大阪環状線全通記念事業の一環として、一九六二（昭和37）年『交通科学館』の名称で開館しました。ところが、当時の展示は何とも貧弱で「蒸気機関車一両、客車三両」だけしかなかった。それから、歴史的な展示物なんかが追加されて、現在では「屋内・屋外・第2」と三つの展示場と付帯施設を備えるまでに拡充されました。

中でも人気は「模型電車の運転」や「模型鉄道パノラマ室」など、体験型の展示やイベントで、休日には、順番待ちの長～い列ができます。新幹線、ブルートレイン、通勤電車にいたるまで、いろんな模型車両が、広い部屋いっぱいに再現された小さな街（ジオラマ）を走りまんねん。何と言っても、子どもらに大人気ですわ。展示や体験を通じて、信号や自動列車停止装置（ATS）など鉄道の安全について学ぶこともできますし、交通・運輸に関する図書資料の閲覧もできます。

どちらかというと「地味」な博物館やったんですけど、最近は展示技術が発達して「隠れた人気スポット」になりました。鉄道への憬《あこが》れは、子どもの夢と希望を膨らませます。国鉄民営化で利益最優先体質になってしもたJRですけど、二〇〇五年の「福知山線の脱線事故」（運転士も含む死者一〇七人、負傷者五六二人）みたいな悲惨なことはもう二度と起こしません――子どもらに約束する意味でも、この博物館がさらに充実して、もっと、もっと仰山《ぎょうさん》のお客さんが来るように、大いに期待してまっせ。やっぱり、汽車や電車は「夢と安全」を運んでこそ値打ちがおまんねんで。

磯路から弁天に続く「さくら通り」

## ●「さくら通り」を抜けたら、地蔵さんが威張ってた

交通科学博物館とは反対側、弁天町駅・南口の道路を西に渡って**中央大通り**沿いに少し歩きますと、「磯路2丁目」と「3丁目」の境の交差点に**磯路三丁目さくら通り**の表示が見えます。「磯路」から北へ安治川沿いの「弁天」にかけて、中央大通を挟んで南北八〇〇メートルの桜並木（ソメイヨシノ）が続いてて、春ともなれば、通り両脇の桜は満開に咲き誇ります。桜花の見事さだけやのうて、葉っぱが大きいから夏には日陰ができるんですて。

一九六八年に地元の人らが植樹してできたんがこの『さくら通り』［港区磯路3～弁天3］で、今も自主運営されてます。高度経済成長の時代、緑が少なかったこの地域に「華やかなものを」いうことで、二つの町内会が協力して生まれました。国土交通省「緑陰プロジェクトモデル地区」に認定、大阪市の「都市景観資源」にも登録されてます。

さくら通りを弁天方向へ抜けまひょ。満開のころならなお気持ちよろしいなぁ。ちょっと歩いたら、安治川沿いに並ぶ倉庫群に出くわします。その一つ、「住友倉庫」の左手前に『威張り地蔵尊』という風変わりなお地蔵さんが居てはりまんねん。「戯《ざ》れ歌」が板に刻まれてまして——

その昔　浪速の国は安治川の　弁天村の西はずれ　四体地蔵が御座っしゃった

子供とお祭りダーイ好きで　子供が踊ればいぶり（動き）出す…

いつとはなしに村人は　いぶり地蔵と可愛がり　威張り地蔵の名を捧ぐ…

年に一度の地蔵盆　子供の成長願うなら　元気な長寿望むなら

弁天西に鎮座する　金銀堂の威張り地蔵に　見に来て御座れ

子供を連れて　見に来て御座れ

なんともユーモラスで、思わず節を付けて歌い出したくなりますね。お地蔵さん（地蔵菩薩）は「子どもの守り神」、大地が命を育む力を蔵するように慈悲の心でお救いくださるから「地蔵」というお名前です。大阪市内では今も各地で地蔵盆が盛んでしてね、地蔵盆（8月24日）は町内総出でお祭りをします。子ども時分、僕らは長屋に祀られたお地蔵さんの前に天幕をはって、一日中「鉦《かね》」をコンチキチンと叩いてました。お祭りが終わると、西瓜やお菓子を貰って帰るんが楽しみでしたなぁ。まさか、超高層マンションのテッペンで「地蔵盆」はやれまへんやろ……。

この**威張り地蔵尊**の敷地内に**港区戦災死者慰霊碑**［港区弁天3―24］が建ってまして、「港区の

威張り地蔵さんと港区戦災死者慰霊碑（右）

空襲犠牲者二千五百余」と刻まれてます。碑の中には、空襲で亡くなって市立運動場など公の場で荼毘《だび》に付された二〇八〇人の方々の名簿が、銅板の箱に密閉されて収められているそうです。

その名簿は、近くにある『西栄寺』［港区弁天2—14—9］のご住職が区役所の地下倉庫にあった「埋葬許可証」などから丹念に整理して作られたもので、戦争反対と慰霊の祈りが込められた貴重な過去帳です（日本機関紙出版センター『大阪戦争遺跡歴史ガイドマップ』）。もちろん、**西栄寺**にも同じものが保管されてます。

威張り地蔵さんは、きっと「戦争したらあかんで」と問わず語りに説いてはるんでしょうな。

## ●天保山はフェイクの見本

地下鉄で「大阪港」まで行っていただいて、あるいは「天保山」行きのバスがたくさん出ていますから、弁天町からのアクセスはとても楽です。天保山付近は『海遊館』や『マーケットプレイス』『サントリー・ミュージアム』など、ここ二〇年ほどレジャーとリゾートの新たな施設が次々にできて、安治川の対岸に『ユニバーサル・スタジオ・ジャパン(USJ)』を望む、一大ウォーター・フロント・ゾーンになりました。

**天保山**［港区築港3］は標高四・五三メートルの築山で、国土地理院発行の地形図に掲載されている「山」の中では日本一低い「山」です。ドジなことをやると「お前な、天保山にでも登ってこい、このドあほ!」と怒鳴られて、叱られたのか茶化されたのかワカランかったりするんですけど……。「天保山山岳会」なんて洒落た団体もあるくらいで、大阪人にとっては「ネタの山」ですねん。

その名の通り、天保二（一八三一）年に安治川を浚渫《しゅんせつ》した際に出た土砂を河口に積み上げたのが起源で、当初は二〇メートル程の高さでした。その後、砲台を建設するためにその土砂が採取されて、明治時代に七・二メートルになりました。さらに、一九七七（昭和52）年に「地盤沈下」で急激に標高が低下し、現在に至っておるような次第であります。

大阪の地盤沈下（経済とちゃいまっせ）は、昔からの深刻な問題ですねん。淀川の船頭さんらが「上の橋がだんだん落ちてくる」言うて、この問題がはじめて指摘されたんが昭和の初期。地質的な問題もさることながら、工業化に伴って井戸水を大量に使い出したんが主な原因やそうですな。六〇年代には、市内で二〇センチ以上も下がった場所があったとか。そないいうたら、**関西空港**の地盤沈下も深刻でっせ。なんせ、沈んだ分、ジャッキで上げて、そこへ鉄板を入れてるんですからな。「開港五〇年くらいで安定する」（㈱ＫＹＢのホームページ）言うてはりまっけど……。

天保山の「山頂」（どこが……）に「二等三角点」があります。いや、言い換えましょう。「二等三角点」があるところが、この「山」の山頂です。その隣に建ってる『明治天皇観艦之所』碑を、ぜひ、見ていただきたい。これは、一八六八（慶応４）年三月二六日、当時一五歳の天皇・睦仁が軍艦の観艦式を行った、という記念碑です。この日はまだ「慶応」やったんで、「明治」

上・天保山「山頂」
下・「明治天皇観艦之所」碑

年号は九月八日からですからな、お間違いなく――。

当時、明治新政府は「陸海軍」をまだ整備できてませんでしたし、軍艦も諸藩所有のものでした。**戊辰戦争**《ぼしん》（一八六八〜六九年）の最中、新政府方の主力艦は東北・北海道での旧幕府勢力との戦《いくさ》に臨んでおりましたから、観艦式にはとうてい参加できまへん。ほんで、お天子様の「観艦式」に参加した船は、電流丸・万里丸（肥前藩）、千歳丸（久留米藩）、三邦丸（薩摩藩）、華陽丸（長州藩）、万年丸（安芸藩）の六隻と、フランス軍艦・デュープレックスの計七隻。しかも、軍艦は電流丸・万里丸の二隻だけで、他の四隻は輸送船でしてん。つまり、完全な「見せかけ観艦式」やったわけですわ。

「観艦式」の真の目的はと申しますと、実は、新政府の資金調達でした。天皇来阪にあたり、新政府は「資金五万両」の拠出を大阪の豪商に求めました。中央から派遣された会計官が、鴻《こう》池《いけ》善右衛門ら一五名を呼びつけて資金調達を命じるとともに、加えて、近畿の富豪六〇〇人を集めて「新政府設立のための政治資金・三百万両」の拠出を強いたのであります。

**明治天皇観艦之所**碑は、昭和4年「大正天皇銀婚式記念」と銘打って、「大阪市青年聯合團」が建てましたんや。物故者となった大正天皇の銀婚式を祝うというのも、考えてみるとおかしな話ですなぁ。建立の責任者は「關一《せきはじめ》」なんで、後に大阪市長になった（64頁参照）お人でっしゃろな。山もフェイクなら、観艦式もとことんフェイクやったんだ。

もし、ＵＳＪに行きはるんやったら**天保山渡船場**から「渡《わたし》」に乗りなはれや。安治川から天保山を眺め返してやるのも、乙なモンです。

本当は　教えたくない　このお店

## コーヒー専門店『イナズマ珈琲』

地下鉄**弁天町駅**6番出口を出て右（南）に行くと、環状線の高架下にあります。ここは市岡元町商店会の西端で、喫茶、沖縄料理、中華料理、ホルモン焼き、鮪《まぐろ》料理、串カツの店……と一緒に、小さな鉄工所や車の修理工場、クリーニング店なんかも軒を並べてます。「分類・棲み分け」などどこ吹く風、「ゴチャゴチャ・ごった煮」風景の中で『イナズマ珈琲』は二〇一一年二月に産声を上げました。

「高架下」は二階建ても可能なほどタッパがありますから、店内に入ると天井の高さに驚くと同時に、開放感に包まれます。「中二階」があるけど「単なる物置です」、とは趣味人のマスター・まっちゃんの言ですが、一度上がってみたいと思てます。

ここのコーヒーは「ストロング（深煎り）」でミディアム（普通）、アメリカン（浅め）の二種類（四〇〇円）、体がシャキッとします。紅茶とジュース類（三〇〇～六〇〇円）は言うに及ばず、トースト・ピザ・サンドイッチなど「軽食の定番（二〇〇～八〇〇円）」が一三種類ずらりと並ぶ。

「カレー」は専門店も赤面するほどの味で、「エルビス」はピーナッツバター・ホットサンドの別名（プレスリー幼少時の好物）。イチオシは「富士宮焼きそば」。蒸し麺を使った絶品です。焼酎の種類と銘柄の多さ（芋：六一、麦：一二、米：二、黒糖：六、泡盛：三）はさすがで、他に、果実酒、清酒、ワイン、ウィスキー、バーボン。名物「カレー粉バナナ」をはじめ、酒の肴も約二〇種類。まっちゃん、ここは何屋さんじゃ〜い……。「高架下」のイナズマに撃たれて、嬉しすぎます。

**●「トンネル横町」くぐれば安治川トンネル（隧道）**

**西九条《にしくじょう》駅**は、淀川と安治川に挟まれた三角州此花区《このはな》の入り口。駅のすぐ東が「福島区」、南側は「西区」で、三区の「扇の要《かなめ》」に位置してるわけですな。

『ユニバーサル・スタジオ・ジャパン（ＵＳＪ）』が二〇〇一年にオープンして、**此花区**のイメージは一変しました。ＵＳＪの敷地は、もともと日立造船や住友金属工業など重工業の生産拠点でしてん。その跡地が、世界有数の巨大遊園地になった。ＵＳＪ独占化の煽《あお》りで、「阪神パーク」「あやめ池遊園」「奈良ドリームランド」「宝塚ファミリーランド」と、阪神一円の遊園地は、みな閉鎖に追い込まれました。工場へ通勤する人々が乗客の大半を占めてた「桜島線」は、今「ゆめ咲線」の愛称で呼ばれて、さながら「観光客専用路線」の様相でんな。**西九条駅**は、ＵＳ

駅舎の真下、ガード下にある「トンネル横町」

Ｊへの乗り換え駅として改めて注目されたんです。おまけに、二〇〇九年三月には阪神電鉄が「西九条〜大阪難波」間で延伸開業しまして、路線名も「西大阪線」（尼崎〜西九条）から「阪神なんば線」に改称。「大阪難波」駅で近畿日本鉄道（近鉄）と接続して、快速急行に乗ったら「三宮〜奈良」間を八〇分で移動できるようになりました。西九条は「大阪市西部の中心地」として重要性が増し、周辺地区の整備が今も続けられてます。

姿を変えていく西九条ですけど、駅周辺には未だ「労働者の町」の様相が残ってましてね、何ちゅうても、駅舎の真下にある**トンネル横町**［此花区西九条4−1］はよろしおまっせ！　年季と歴史を感じさせる呑み屋街に、気の置けない店と常連客が溢れてて「酒場、呑み屋街」という言葉がピッタリの雰囲気でんな。僕なんかは、規格だらけの「全国チェーン」より、こういう場所の方が心和みまんねん……。

♪綺麗ばかりが能じゃない、手垢にまみれた風情こそ、働く者にゃ似合うのさ〜（作詞・パギやん)。唄の文句が、自然に口をついて出てきます。

この『トンネル横町』命名の起源になったかどうかはわかりまへんけど、駅の南口からすぐ、安治川岸壁に奇妙な建造物が見えます。これが、此花区と西区を結ぶ**安治川トンネル**［此花区西九条2―1～西区安治川1―2］の入り口でんねん。ここには昔「源兵衛渡」があって、渡し船が行き来してましたけど、今は、西区側の交差点の名前にその痕跡を残すのみです。

**安治川**は河川運搬の重要航路で、運搬船が頻繁に行き交うんで、事故の危険性が高かった。おまけに、船舶の「高さ限界」との関係から、橋を架けるのも容易ではなかった。そこで登場したんが、全国でも類を見ない「河底トンネル」計画。一九三五（昭和10）年に建設が始まって、四四年に竣工しました。建設は「沈埋《ちんまい》工法(trench method)」というて、ちょっと聞き慣れまへんやろ。工事の手順は、こんな風です。

まず、トンネルを形成する外殻をあらかじめ陸上や船台上で適宜の長さに分割して製作。両端は、仮壁でふさいで函《はこ》状にしますから「沈埋函（ケーソン）」と呼ばれます。設置する水底を溝状に浚渫《しゅんせつ》して、基礎をつくる。そして、沈埋函を沈設予定位置直上まで牽引船で運搬して、一個ずつ順次に沈めて、函相互を水中で水密に接続してゆく。最後に、トンネル内の仮壁の撤去や内装、トンネル外の土砂による埋戻しを行って、完成です（『世界大百科事典』）。

約一四メートル下にある「川底」の通路までエレベーターで降りて、歩いて通路を渡って、ま

上・「安治川トンネル」施設全景
下・エレベーター入り口

たエレベーターで対岸へ上がります。車両用エレベーターもかつてはありましたが、排ガス問題などで閉鎖されて、今はその巨大な入り口にシャッターが降りたまま。この隧道《ずいどう》、歩行者・自転車専用で無料なんは、**渡し船**と同しですね。川底の通路は幅二メートル、長さ八〇メートルあります。何度もこのトンネルを通りましたけど、通路はひんやりとして、何とも言えん独特の空気が漂ってます。一人だけやったら、渡れる（潜れる）やろか……かなり不安ですね。階段でも下りられるんで挑戦してみましたけど、とっても不気味で怖くて、無理でした。

地域住民のための、なくてはならない「生活トンネル」です。ちょっとお邪魔して、**東洋のマンチェスター**の発展を支えた安治川を、下から眺めてみるのも、これまた一興かと思いまっせ。もっとも、トンネルやから、何も見えまへんけどね。

## ●「西」が大阪の中心やったんや！

安治川トンネルを抜けると、元・渡し場『源兵衛渡』の交差点表示が見えて、そこから**キララ九条**（九条新道商店街）が、地下鉄「九条《くじょう》」駅まで、約六〇〇メートル続いてます。この界隈は「西区九条」で、大阪人でも「西九条」と混同することが多々あります。くどいようですが「西九条」は此花区ですよって、誤解なきように頼んます。要は、**九条**の西にあるから**西九条**、つまり「九条」の方が古いんですな、当然。

九条は、もともとが旧淀川河口にあった中洲（今の木津川の西）やったんですが、江戸時代初期に農地として開発されて「衢壌《くじょう》島」と名づけられた。ほんで、後々に九条になった、といわれてます。木津川の東に位置する「西船場・堀江」界隈は、江戸時代から堀川がちゃんと整備されまして、蔵屋敷や魚市場、問屋街として栄えました。それで、「新町遊廓」「堀江新地」などの遊興区域も生まれます。そんな地理的条件を背景に、九条の川沿いは、大坂に入港する大型船の船着場として大いに発展しました。

キララ九条には、生鮮食料品店や衣料・雑貨店、飲食・喫茶はもちろんのこと、なぜかしら「医院・治療院・歯

無くても名は残る「源兵衛渡」

居留地の面影を残す「川口教会」

科医院」が多いんですわ。算《かぞ》えてみたら、一〇軒もおました。平均したら「六〇メートルに一軒」。商店街の南端から地下鉄「九条」駅を越えますと、**ナインモール九条**と名称が変わりまして、この辺りは、ちょっとした「庶民文化」の町ですな。老舗のストリップ劇場『九条ＯＳ』、名画の独立座館『シネ・ヌーボー』、それから、鉄工所を改装したフリースペース等々、時間と文化がぎゅっと凝縮した空間があちこちにおます。

散策しながらそのままずっと歩いていきますと、**みなと通**（国道172号線）に突き当たる。そこを右（南西）に行ったら「大阪ドーム」の北側ですけど、左（北西）に行きまひょ。「西警察署前」交差点の近く（北東方向）に**日本聖公会川口基督教教会**［西区川口1―3―8］があります。ほんまは、「野田」駅から南下した方が近いんですけどね。いつものことで、すんまへん……。この教会は、『旧川口居留地』の面影を残す唯一の建物です。一八六八年九月（慶応4年

7月)、九条の北に位置する川口に外国人居留地が設置されます。その後、約三〇年間続いた後に、神戸へ移転しました。神戸の方は「異人館」「北野坂」なんかで有名ですけど、「川口」の方が先輩ですから、忘れんとっておくれやっしゃ。移転後は、中国人の商人が多く住むようになりまして、日中戦争が激化するまでは「中華街」もおましたんやで。

大阪府庁と大阪市役所は、川口の対岸「江之子島」にありました。**川口**一帯は、大正末まで大阪の行政の中心地で、大阪初の電信局もここです。洋食屋、中華料理店、カフェなんかが軒を並べて、いろんな工業製品や嗜好品《しこうひん》も、ここから市内に広まった。**西区**は、文明開化の象徴でおました。

キララ九条で毎年八月に行われる「九条まつり」では、活気が頂点に達します。地元の人らは、往時の賑わいを偲《しの》びながら「九条」の誇りを持ち続けてはります。

## ●平和・友好・慈悲の寺「竹林寺」

みなと通を南へ戻ります。「本田《ほんでん》1」の交差点、阿波銀行西大阪支店のところを左(東)に入って、一つ目の信号を右(南)へ行くと**浄土宗竹林寺**[西区本田1─9─3]の山門があります。朱と白のコントラストが、実に美しい山門。門前の碑には「慶安二年(一六四九)に建立」とありますな。

境内に入ると、大きな無縁仏の碑(明治37年7月)の前にお地蔵さん、その前に、また別のお地蔵さんが立ってはります。前の石碑には「昭和六年九月、第二回無縁塔」と刻まれてますから、その時に建立されたんでしょうね。このお地蔵さん、大阪大空襲で黒こげになったうえに右手首がとれてしもて、今も**焼け地蔵**とよばれてます。焼けたお姿を敢えて今もそのままにしてるんは、もちろん「戦争」を後世に伝えるためです。竹林寺一帯も全焼、地蔵堂もこの時に焼失しました。

上・「竹林寺」山門
下・焼け地蔵

「九条島と朝鮮通信使」碑（松島公園）

客死した「金漢重」の墓

墓地の奥には**金漢重**《キムハンジュン》の墓があります。この人は一七六四（明和元）年に、一一回目の『朝鮮通信使』の一員として来日しました。江戸時代、将軍の代替わりの祝賀のために一二回にわたって四〇〇〜五〇〇人の**朝鮮通信史**が来て、善隣友好や文化・学識交流の貴重な役割を果たした（仲尾宏『朝鮮通信使　江戸日本の誠信外交』）んですけど、この歴史も、残念ながら「日本の常識」には未だになってるとは言い難い。一行は、釜山を出港して対馬に寄り、瀬戸内海の船旅を終えて、川口で船を降りました。ここで船を替えて、淀川を京へ向けて上る。その後は、東海道を陸路江戸へ。その間、各地でたくさんの人的交歓と物的交流が行われました。金漢重は、旅の道中で病気になって、ここ**竹林寺**で亡くなったんです。また、朝鮮人参の取引を巡ってモメ事が起きましてな、不幸にも対馬藩の通訳に殺された崔《チェ》天宗《チョンジョン》の位牌も本堂に収められてます。二五〇年の長きにわたって、植民地と戦争の時代を経て現代に至るまで、二人の菩提が大切に弔われてきたんですなぁ。

それだけやのうて、ここには**松島遊郭**の御女郎衆の墓、そして、「大逆事件」で処刑（一九一一年）された**幸徳秋水**の墓もありました。どうしてこの寺に祀られるようになったか、ご住職も不明やそうです。秋水の墓は、一九五〇年代に故郷の高知県中村市に引き取られました。二〇〇〇（平成12）年、中村市（現・四万十市）が「幸徳秋水を顕彰する決議」を全会一致で採択して、命日の一月二四日には「墓前祭」が行われるようになりました。秋水の名誉回復の陰にも竹林寺の存在があったわけですな。

寺のすぐ向かい側にある『松島公園（「松島新地」跡地）』［西区本田1―3］の敷地内には『九条島と朝鮮通信使』碑があって、金漢重の辞世の句と竹林寺住職（当時）の追悼句、そして丁寧な説明文が刻まれています。

大阪港の発展と共に栄えた『松島遊廓』、その松島に近い九条新道（九条商店街）は「西の心斎橋」と呼ばれましたんや。松島遊廓の通称が『松島新地』で、江戸時代の「新町遊廓」に代わる大阪の新たな遊廓として、木津川と尻無川の分流点（当時）につくられました。隆盛を誇った遊郭でしたが、大空襲で消滅して、売春防止法施行で**飛田**と共に廃止されました。ちなみに、映画『悪名』シリーズで勝新太郎が演じたのが「八尾の朝吉」親分。**松島**は、朝吉のホームグランドでしたけど、今は草野球のグランドです……。

都会の風景の中に埋もれてしまいそうな小さなお寺に、脈々と息づいている「平和・友好・慈悲」の証を、ぜひぜひ、見ておくれやっしゃ。

本当は　教えたくない　このお店

## 居酒屋グルメ『せぞん』

ガード下の**トンネル横町**の中にあります。カウンターだけの二〇席は、五時の開店と同時にほぼ満席に。ほとんどが常連客で、「仕事帰りの一杯」の喜びを噛みしめに来るのです。僕は混んでるのが嫌なんで、たいてい四時半過ぎに行って「抜け駆け」しまんねん。「開店三〇分前」の贅沢と特権ですな。ところで「トンネル横町」のように、ガード下（あるいは屋根の下）の両側に「鰻《うなぎ》の寝床」よろしき細長～いカウンターだけの店が軒を連ねるという「形式」は他所にもありまして、僕が知ってるんは、京都駅北『リド飲食街』と金沢市内の『焼き鳥横町』。立地条件とか建築方法など、どこか共通点があるかも知れませんね。
『せぞん』に入ると、「ワインは飲む化粧水です。／チーズは食べる化粧品です」との但し書きが目に飛び込んできます。ここのマスターは「ワイン党」で、チーズも厳選してはります。なぜか赤ワインがないのでその理由を聞けば「冷やせないし置く場所もないから、めんどくさい」だけやそうです。ワインの「白は冷やして赤は常温」――この常識も、このごろ通じんようになりましたなぁ。「山芋短冊」「ポテトフライ」「板わさ」「刺身」「枝豆」等のごくごくありふれた肴に、名物の「雑炊」「一口鍋」「おでん」の種類も豊富。メニューは、全部「算えたことないけど、一〇〇じゃすまんやろね」と、呵々《かか》高笑いのマスター。いつもの「シェフ」姿は、コック用の白衣でビシッときめてはります。

『せぞん』は、「トンネルに仄《ほの》めく和洋折衷の花明かり」とでも喩《たと》えましょうか。

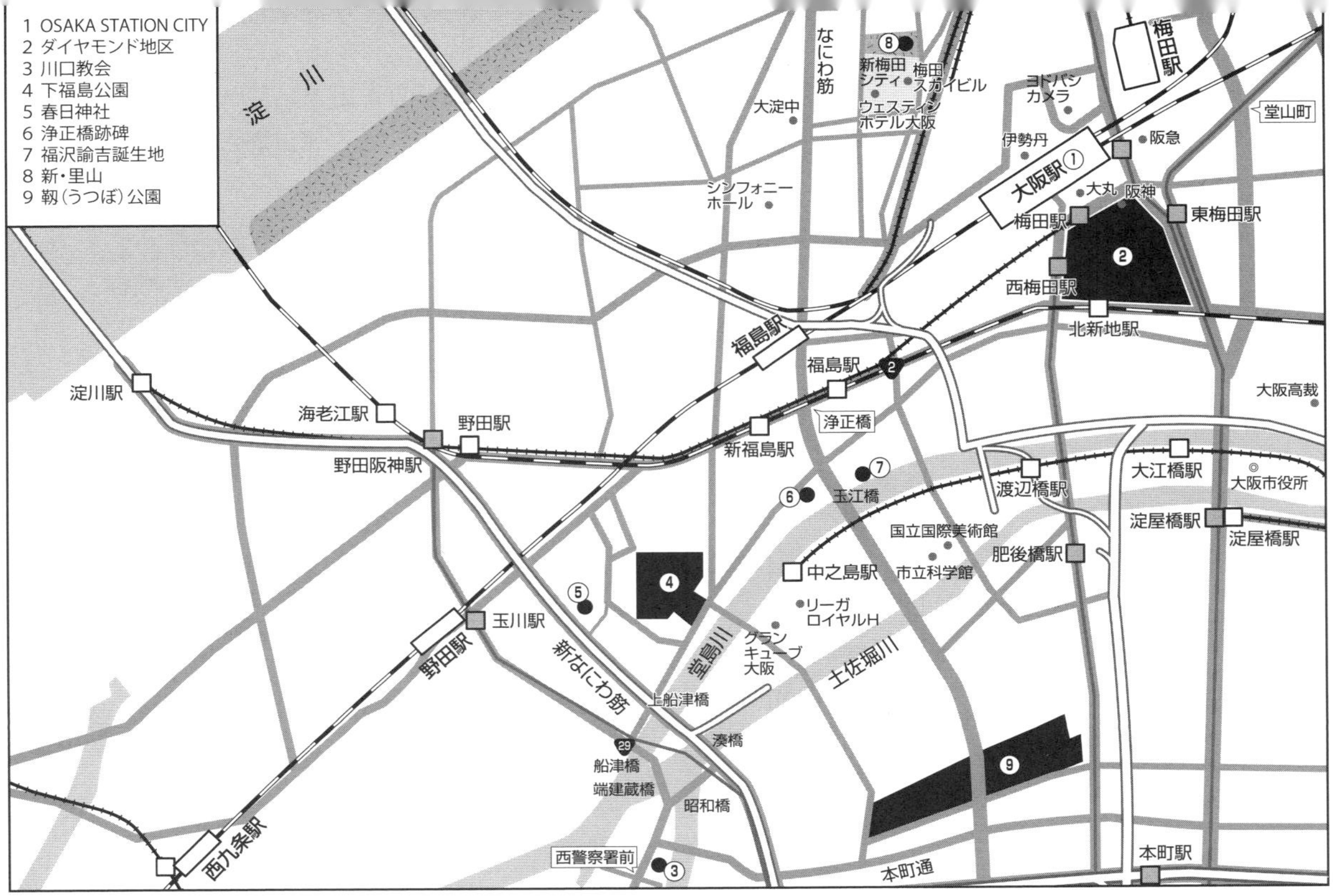
1 OSAKA STATION CITY
2 ダイヤモンド地区
3 川口教会
4 下福島公園
5 春日神社
6 浄正橋跡碑
7 福沢諭吉誕生地
8 新・里山
9 靭（うつぼ）公園
淀川
梅田駅
なにわ筋
新梅田シティ
梅田スカイビル
ウェスティンホテル大阪
大淀中
ヨドバシカメラ
堂山町
伊勢丹
阪急
大阪駅①
大丸
阪神
梅田駅
東梅田駅
西梅田駅
北新地駅
シンフォニーホール
福島駅
福島駅
大阪高裁
淀川駅
海老江駅
野田駅
野田阪神駅
浄正橋
新福島駅
大江橋駅
大阪市役所
渡辺橋駅
玉江橋
国立国際美術館
淀屋橋駅
淀屋橋駅
肥後橋駅
中之島駅
市立科学館
リーガロイヤルH
グランキューブ大阪
玉川駅
野田駅
新なにわ筋
堂島川
土佐堀川
上船津橋
湊橋
船津橋
端建蔵橋
昭和橋
西九条駅
西警察署前
本町通
本町駅

## ●橋・橋・橋…ぐるっと廻って「野田藤」の里

駅の出口を出ると呑み屋、飲食店、ブティックなどが雑然と並び、黄昏《たそがれ》ともなれば、飾り気なぞ微塵もない「洞穴」のような高架下に呑み込まれていく仕事帰りの雑踏が、後を絶ちまへん。高架の北側にも「呑み屋街」が広がり、ガード下の雑然さと一体になってますから、「ここはどこか地下の盛り場かいな?」と錯覚するくらいです。「ちょっと一杯」の誘惑を振り切るには、かなり強い意志が要りまんなぁ。そう、この風景こそが大阪の面目躍如「ゴチャゴチャ・ごった煮感」でおまっ！　同様に、「駅」もゴチャついてまっせ。

ＪＲ環状線**野田駅**には、地下鉄「玉川」駅が接してます。その四〇〇メートル北に、阪神「野田」駅と地下鉄「野田阪神」駅、おまけにＪＲ東西線「海老江」駅が引っ付いてます。「三つ巴

土佐堀川から安治川方向「端建蔵橋」を望む

に五つの駅」が集まって、便利さと複雑さが入り乱れておるような次第でございまして……。

環状線野田駅から国道29号線を南へ五〇〇メートルほど歩けば、町名は**玉川三丁目**になります。**堂島川**に架かる『船津橋』を渡ると、すぐに『端建蔵《はたてくら》橋《ばし》』で、その下を流れるんが**土佐堀川**です。そして、**木津川**に架かる『昭和橋』――この三つの橋は繋がってましてね、他にはちょっと類を見ない、不思議な景色ですな。

昭和橋を渡ったところが『湊橋』南詰めで、ここに、**宮本輝『泥の河』の文学碑**［西区土佐堀3―5―1〈湊橋南詰〉］が建ってます。『泥の河』は、うどん屋の息子・信ちゃんと「郭船《くるわぶね》」で暮らす喜ちゃんの出会いと別れを描いた名作。舞台は、昭和三〇年の、まさにこの川縁《かわっぷち》です。一九八二（昭和57）年、小栗康平監督が映画化して一躍有名になりました。不肖私メは『声体文藝館』と称してこの作

宮本輝『泥の河』文学碑

品を「一人語りと歌」で演じてまんねん……しゃぁから、よけいに思い入れがおます。

**湊橋**も土佐堀川に架かってます。それを北へ渡りますと**上船津橋**……。「三つ巴に五つの橋」を越えたら、また**玉川三丁目**に逆戻り、というわけです。このコースは、特別な用事とか趣味でもない限り、地元の人は辿りまへんやろ。当たり前ですがな、元の位置に戻るだけなんやから。でも、ぜひいちど巡ってみてください。大阪が「川」の恩恵で出来た町やということ、ほんで、「川」を蔑《ないがし》ろにして汚して放《ほか》してしもたことが、手に取るようにわかりまっさかいに。

さて、「野田」「玉川」一帯は、その昔「吉野の桜、野田の藤、高雄の紅葉」と並び称された藤の名所でしてんで。今の風景からは、おおよそ想像だに出来まへんけどね。湊橋と上**船津橋**は**新なにわ筋**上にあって、その上には「阪神高速神戸線」が走ってますけど、その新なにわ筋沿いにある『玉川南公園』から、東へ入りましょうか。すぐに、『春日神社』[福島区玉川2—2—7]の祠と藤棚、その下に『野田の藤跡』碑が見えてきます。この**春日大社**、江戸時代には「野田村の藤之宮」と呼ばれてたそうで、日本独自の藤の原種「ノダフジ」発祥の地ですねん。

再現された「藤邸の庭」碑（下福島公園）

春日神社「野田の藤跡」

明治時代の植物学者・牧野富太郎博士がこの付近の藤を研究されて、他に類を見ない優秀種「ノダフジ」と命名されました。古くは、室町二代将軍・足利義詮《よしあきら》が住吉詣の途中にここで藤を鑑賞した、あるいは、豊臣秀吉もこの地を訪れて藤を愛《め》でながら「藤庵」で茶会を催した、と伝えられてます。

寛政時代のガイドブック（地誌）とでもいうべき『摂津名所図会』には「野田藤　春日の林中にあり。むかしより紫藤名高くして、小歌節にも、吾野の桜・野田の藤と唄へり。弥生の花盛りには、遠近ここに来て幽艶を賞す。茶店・貨食店ところどころに出だして賑ふなり」と記されてます。優雅な薄紫や白い花房と、鮮やかな葉の緑が、町中に彩られてたんでしょうなぁ。

そのノダフジも、一九四五年の大空襲でほとんどが消失、五〇年のジェーン台風でとどめを刺されて、地元でも長く忘れられたままでした。それが、七〇年代に入って「福島ライオンズクラブ」など、地域の人々による〝ノダフジ復興〟の取り組みが始まりましたんや。春日神社のすぐ西にある名園**下福島公園**［福島区福島4－1］には、「藤庵」の一部が復元されて、七八の藤棚にフジが九四本植わってまして、春には実に見事です。「のだふじの会」の努力で、今や区内三〇ヵ所で藤の開花が見られるんでっせ。

いにしえの ゆかりを今も 紫の
ふじなみかかる 野田の玉川
足利 義詮

春のある日、「無意味な五つの橋渡り」をして野田藤を愛でたあと、駅前で一杯やりまひょか。

## ●政商・三菱の守り神「土佐稲荷神社」

「玉川」駅から地下鉄・千日前線に乗って二つ目、「西長堀」まで行っていただきます。実は、前章で紹介した『竹林寺』から東へ、『伯楽橋』を渡って歩いて行った方が、うーんとスグですねんけど……。

「西長堀」駅のすぐ南が「鰹座橋」交差点でして、その西側に**土佐稲荷神社**があります。神社東側の『マンモスアパート』と『西区民センター・こども文化センター』も含めて、この辺一帯は、元「土佐藩大坂蔵屋敷」でした。「マンモスアパート」は、一九五七（昭和32）年、旧・日本住宅公団（現住宅都市整備公団）が建設した「西長堀アパート」の俗称ですけど、大阪万博のころまでは「西区のマンモス」の愛称で市民から親しまれてました。今や「マンモス」いうて通じる人は、ごくごく少数でしょうな。入居者には、作家の司馬遼太郎、南海ホークスの野村克也

「土佐稲荷神社」本殿

監督（当時）、女優の森光子など、著名人も多かった。また、当時は町一番の高層建物（一二階建て）でしたから「消防署より火事を早く見つけられる」てなことで、何かと話題になったもんです。戦後の代表的な「ＲＣ集合住宅」（43頁参照）の一つで、今も現役でっせ。

『土佐稲荷神社』北側の**長堀通**［伯楽橋西詰交差点～今里交差点］は**長堀川**を埋め立てて出来た道路ですけど、この「長堀」も、一六二二（元和８）年に開削されて出来た「運河」でした。長堀川が出来るのとほぼ同時期に、土佐藩は蔵屋敷を建てましまして、川の両岸で土佐の特産物を商うようになった。鰹・和紙・材木なんかを「天下の台所・大坂」に運んで全国に流通させせます。それで、莫大な利益を得るようになったわけだ。蔵屋敷の脇に架かる橋は『鰹座橋（土佐殿橋）』と呼ばれましたし、**土佐堀川**の名前が付いたんも、土佐の商人たちが集まる「土佐座」が近かったからでしてん。こんな事情を背景に、『土佐稲荷神社』［西区北堀江4—9—7］は土佐藩の「経済の守護神」として創建されました。その後、一七一七（享保2）年に本格的な社殿造営が行われて、今度は「蔵屋敷の鎮守社」となり、一般にも開放された、というわけですな。

時代は下って、幕末から明治維新、坂本龍馬が暗殺されて、**海援隊**の後を継ぐ形で、一八七〇（明治3）年に**九十九《つくも》商会**が発足。翌年、個人事業体となって**岩崎弥太郎**の所有となります。同

上・三菱関連企業だけが並ぶ「玉垣」
下・「三菱」の神紋…純金ではなく金箔製

時に土佐藩屋敷も岩崎に譲渡されて、土佐稲荷神社は九十九商会に引き継がれました。実は、藩邸は鴻池など豪商の抵当に入ってまして、九十九商会（岩崎）が借金返済を肩代わりした上で藩邸の払下げを受けた、いうんが真相ですねんけど……。それが証拠に、境内には『岩崎家舊邸《きゅうてい》址』の碑もありますわ。

九十九商会は一八七三（明治6）年に「三菱商会」と改称されて、今日の「三菱グループ」へと繋がっていきます。**土佐稲荷神社**こそ「三菱グループ発祥の地」でおまっ！　神社の紋は「純金の三菱スリーダイヤ」で、玉垣には三菱グループ各社とその縁の企業名しかおまへん。毎年四月の初めに、三菱グループ各社の代表が集まって、三菱の発展を願う祈祷祭が行われます。

一八六八（慶応4）年、フランス領事たちが堺へと入ろうとして、土佐藩兵とフランス海軍の兵士との間で衝突が起こってフランス兵が殺害された、いわゆる**堺事件**の際に「切腹させる一六人のくじ引き」が行われたんも、ここでした。事件後の切腹（堺の妙国寺）で、土佐藩士たちは自分の腸を引きちぎり、居並ぶフランス水兵に投げつけた……このエピソードは余りにも有名で、事件の顚末《てんまつ》は、大岡昇平『堺港攘夷始末』に詳しく記されてます。ま、これも土佐稲荷神社史の一コマですな。

財閥・政商・コンツェルン……資本と神社の密月時代が一四〇年も続いてるやなんて、これまたほんまに、大阪らしい。

阪神淡路大震災で被災した「田蓑神社」石碑

## ●大阪にもある「東照宮」

ちょっと遠出します。地下鉄で「野田阪神」駅まで戻り、阪神本線に乗り換えて「千船」駅で降りてください。ここは**西淀川区佃《つくだ》**です。「佃」は、淀川の北を流れる**神崎川**の中洲で、川の西岸は尼崎市。大阪府と兵庫県の境に位置する「佃」は、「佃煮」のルーツですねん。そう、東京の佃は「大阪の佃」が元祖なんですよ。

「千船」駅から北東の方向、国道2号線に向かって歩きます。佃小学校が見つかれば、目的地の『田蓑《たみの》神社』［西淀川区佃1―18―14］はもうすぐです。駅から約八〇〇メートル、中洲の北端に位置する**田蓑神社**は、ひっそりと静かな佇《たたず》まいです。境内に入ると、『佃漁民ゆかりの地碑』『紀貫之《きのつらゆき》歌碑』『謡曲〝芦刈〟と田蓑神社碑』『震災復興の碑』が並んでます。

『謡曲芦刈』は、こんな内容です。

「昔、仲の良い夫婦がいたが、生活苦のため、夫と妻は別々に働きに出ることになった。夫は芦を売りに、妻は都へ奉公に出て、やがて妻は優雅に暮らす身分に。妻は夫が恋しく

▲徳川家康ゆかりの「東照宮」

◀佃煮の由来がわかる「佃漁民ゆかりの地」碑

て探すうちに、路上で巡り会う。しかし、夫は見窄《みすぼ》らしい我が身を恥じて隠れてしまう。和歌を読み交わすうちに、二人は、夫婦の縁は貧富の差で断ち切られるものではない事を悟り、元通りの仲睦まじい夫婦に戻って、末永く暮らしました。」

昔、佃周辺は川岸に沿って芦が群生してたんで、こんな歌が生まれたんでしょうな。

さて、神社の奥にある**東照宮**は見落としそうな小さな祠ですが、もちろん徳川家康を祀ってまんねん。完全に「名前負け」してまっけどね……。それにしても「なんで大阪に家康？」と疑問が沸きますが、**佃漁民ゆかりの地**の説明を読むと、納得いきますわ。

「一五八二年、徳川家康公がこの地に立ち寄られ、多田神社（現在池田市）に参詣の時、田蓑嶋漁夫等、漁船をつかって、神崎川の渡船を勤めた縁により、漁民等には「全国どこで漁をしても良し、又税はいらない」という特別の褒美《ほうび》をいただき、漁業の一方、田も作れと命じられ、その意をもって田蓑嶋を佃と改めた。／その後、佃漁民らは江戸によびよせられ、隅田川河口に移り住み、佃島と名付けられた。／現在は、大阪の佃小学校と東京佃島小学校で地域交流を行なっている。」

家康が「漁業も大事だが、人はまず田で働け」と村人に言ったことから、にんべんに田をつけた「佃」に村の名前を改めたんやそうです。とすれば、「佃」の名付け親は「権現様」ということになりまんなぁ。移住した漁民たちは、川や海で魚を取って江戸城におさめ、余った魚介類は日本橋に店を出して人々に売りました。これが後に、日本橋の魚河岸へと発展していくわけですな。魚やこんぶを醤油で煮しめる**佃煮**は、佃の漁民が江戸の地で工夫を重ねて作り出したもの。というわけで、「佃煮のルーツは大阪（坂）」でおまっ！

「江戸と大坂」を結ぶ民衆の交流があったこと、それが現代に蘇《よみがえ》って、子どもたちが繋がり合ってる。これこそ「歴史を生きる」喜びでっせ。

本当は 教えたくない このお店

**串揚げ『あたりや』**

野田駅改札から右（南）出口を出ます。高架下に沿って七〇歩、『あたりや』の慎ましい看板を見つけてください。カウンターと一〇席だけの狭い店内に、大将と女将《おかみ》さんの笑顔が並んでます。「開店して二五年くらいかなぁ。ワシは、福岡飯塚の出で川筋モンやで」という大将のお顔は、そない言うたら「博多にわか」の面にどことなく似てはります。開店時間がまちまちなので、問い糺《ただ》したところ「仕込みが出来た時間に、店開けるんや」。でも、閉店は「九時、それからは働かん」とか。

基本は「コース揚げ」で「ストップ」と言うまで、次々に串が出てくる。マスタード風味のソースに、お好みで「にんにく・塩・ニッキ」の粉を振りかける。「何もつけずに」と大将が言うと、下味がちゃんと付いていて、たとえば、「海老」には甘酢が仕込んである、といった具合。まぐろ？　と思いきや「豚ヘレ（ヒレ）」。「タコ」の間に胡瓜が挟まって、「胡瓜」の中にはクラゲが潜んで、ミツバは「鱧《はも》」にくるまってる。はたまた、パセリの粉を塗した「ソーセージ」をセロハンに包んで素揚げにする。「焦げへんの？」「焦げる前に油からあげるんやがな」。

一品一品になされた創作に、驚愕・脱帽・敬服の連続。「これ何？って考えなさんな。美味《うま》かったらエエんやろ」――はい、あんたの仰《おっしゃ》る通りでおまっ！「おっちゃん、そうとう研究熱心やナァ」とベンチャラ言うと「ちがう。ワシ、努力すんのん好かん。ソースの味も串の仕込みも、みな盗んだ」んやそうです。

その昔、九州の炭鉱には必ずいたという**スカブラさん**が、大阪・野田にいてはりました。

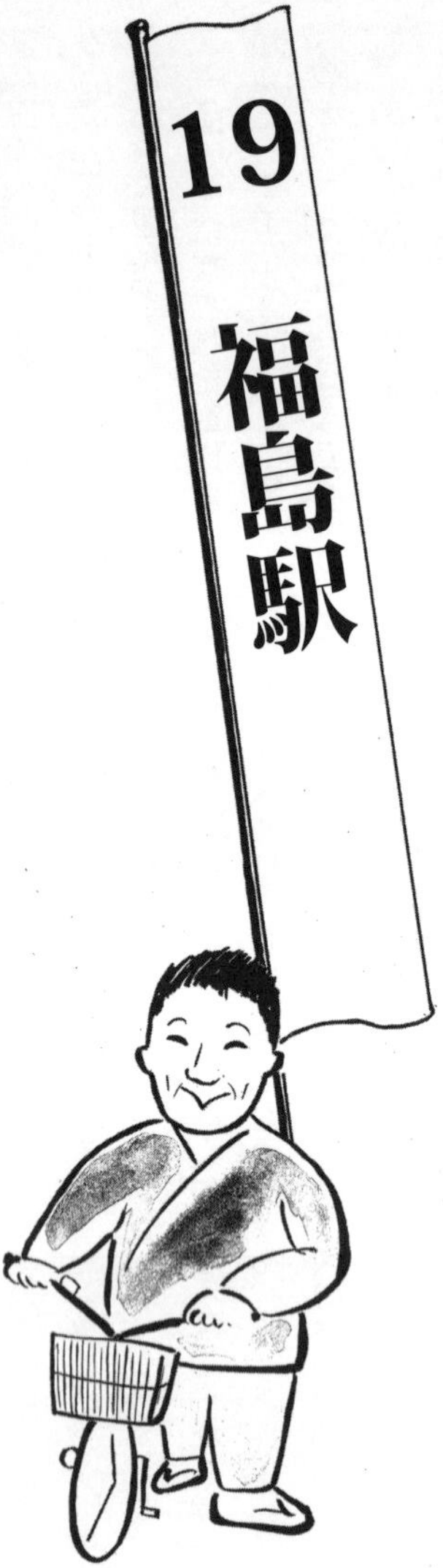


## ●人工やけど自然が生まれてる…「新・里山」

A「今、どこにおる？」

B「みやこじま」

A「ほな、今日の夕方でも会おうか」

B「なんでやねん、沖縄の宮古島から帰れっちゅうんか」

A「何やて……都島かと思うたがな」

携帯電話が発達したおかげで、こんな会話が聞かれます。嘘ちゃいまっせ、ホンマの話。「福島」もそうです——

A「こないだ、福島行ってきた」

B「行ってきたて、お前の会社、福島やないか。毎日通とるやんけ」
A「あほ、東北の福島じゃ」
「3・11フクシマ」以降、福島県と、大阪市福島区の福島を明確に区別せなアカンようになりました。大阪人にとって、「フクシマ」はそれだけ遠かったんですなぁ……。ちなみに、福島県の「福島」は、城の名前が由来ですねんて。「六甲おろし」ならぬ「吾妻おろし」が吹きつけて「吹島」いうてたんが、城をつくる時の縁起担ぎで「吹↓福」にして「福島城」になったとか（『地名由来辞典』）。大阪の場合、「〇〇島」という地名は、もともと旧淀川の河口にあった難波《なにわ》八十島《やそ》に由来してると考えて、まず間違いおまへんな。縦横に分流した川に囲まれて、葦の生い茂る数多《あまた》の島々があったんでしょう。福島・堂島・都島・加島・御幣《みて》島・歌島・姫島・出来島……枚挙に暇《いとま》はございません。
さて、駅からなにわ筋を北へ歩くと『シンフォニーホール』があります。かつて、その北側には「朝日放送」の建物があり、横に聳《そび》えてた「大阪タワー」は朝日放送の電波塔で、地上一〇二メートルの所に展望台がおましてん。高さは一五八メートル、通天閣より九メートル高いのが「自慢」でしたが、二〇〇六年に解体されました。さらに北へ、「大淀中学」の交差点を東へ行くと、超高層ビル群が姿を見せます。空中庭園で有名な『梅田スカイビル』の威容が空に突き刺さり、南側を牛耳《ぎゅうじ》るのは『ウェスティンホテル大阪』。ここが新梅田シティで、「ダイハツディーゼル本社・大阪工場」「東芝関西支社」跡地の再開発で出現した「これ見よがし」の、サブ～イ

再開発地に自然を産み出している「新・山里」

「町」でおます……。

『新・里山』［北区大淀中1―1―88］は、新梅田シティの北側にあります。約八〇〇〇平方メートルの「公開空地」ですから、入場の制限や時間帯などはまったくおまへん。つまり、いつでも、誰でも入れる「公園」です。都市空間に公園緑地を持ちこむのではなく、日本の原風景である「里山」を手本にした「いのちのつながり」を生み出す試みが、ここでなされてますんや。植物の選定と植栽は『積水ハウス五本の樹計画』に基づいて行われました。この『計画』は、**地球サミット**（リオ・デ・ジャネイロ、一九九二年）で締結された「生物の多様性に関する条約（CBD）」をきっかけに発足、「三本は鳥のために、二本は蝶のために、日本の在来樹種を」というコンセプトなんですて。

**新・里山**には、こんな生きものが棲息してます

──メジロ、ジョウビタキ、スズメ、ハクセキレイ、モズ、キジバト、カルガモ、ヒヨドリ等の野鳥。モンシロチョウ、アオスジアゲハ、ヤマトシジミ、カブトムシ、シオカラトンボ、ミツバチ、エンマコオロギ、オンブバッタ等の昆虫類。「水辺」には、メダカ、カエルなど。二〇〇八年秋には、猛禽類の**ハイタカ**が飛来しているのが観察されたそうですから、まさに「自然が生成」してるわけです。「里山口」「里の水辺」「里の奥地」「花と緑の庭」「菜園ガーデン」「里の棚田」「野鳥の水広場」「小さな鎮守の森」があって、快適な一日が過ごせまっせ。あくまで「箱庭の中の安寧」でっけど、ないよりマシですわ。

ここから北へ、もうっちょと足を伸ばせば、大阪城公園の二倍もの広さを誇る**淀川河川公園**がありますす。そのまま河口まで歩いて「汽水域」に触れてみるのも、至極よろしおます。

「再開発でゼニさえ儲かりゃエエわい」という企業もあれば、独自の発想で「多様性と新しい公共」を提供している企業もありまんねなぁ。まぁ、ちょっとだけ、ホッとします。

## ●「福島駅」が三つもある…諭吉、米騒動や〜！

ＪＲ環状線**福島駅**周辺は、かなり複雑でんねん。まず、ガード下の駅出口を出ると「踏切注意」の表示が目にとび込んできて「え、踏切？」……面食らいますな。左手（北）にあるんは「梅田貨物線」の踏切。せやのに**関空特急・はるか**が走ってくる。「なんで？」……駅員に聞けば、「はるか」と関西線の**スーパーくろしお**は、「新大阪」には停車するが「大阪駅」を通らんと、

▲福沢諭吉誕生の地

地面に埋もれそうな「浄正橋跡」碑▶

「貨物線」経由で環状線へ入って来るんですと。なるほど。

ほんで、踏切の向こうに「東海道線」の高架が見えます。その手前が「阪神高速池田線」の入り口で、しかも無人。「ガード下・踏切・高速入り口」が団子になってます。危ない！　この場所で事故が起こらんのが不思議なくらい、ホンマに危ない。みなさん、重々ご用心をば――。

こんどはなにわ筋を南へ行きます。徒歩二分、国道2号線と交わる大きな交差点に『浄正橋《じょうせいばし》』の表示がありまして、東には「阪神電鉄・福島」駅の入り口。そこからなにわ筋を挟んですぐ真向い（西）に、「JR東西線・新福島」駅の入り口。けど、二つの駅は地下で繋がってませんからな、念のため。

この界隈は**浄正橋筋**いうて、もともとは歓楽街でしてんで。大正末から昭和初期、映画館やら寄席が並んで、曲芸も見られたそうです。『浄正橋』は、**蜆川《しじみがわ》**に架かってた長さ五一尺（約一五メートル）、幅二〇尺（約六メートル）の立派な橋でした。蜆川は、一九二四（大正13）年に埋め立てられて、今は**浄正橋跡の石碑**［福島区福島2―1―34］だけが残ってまっけど、歩道に埋もれかかってましてな、見つけにくい。一九一八（大正7）年**米騒動**の時に、抗議に立ち上がった群衆とそれを鎮圧する**第四師団**の、一番激しい衝突があった場所としても有名です。せやから、「橋跡」の哀れな姿が可哀想で、気の毒でね……。

さらに南下しますと『玉江橋』、その北詰東側の「朝日放送」新本社前に『福沢諭吉誕生地』［福島区福島1―1］と『豊前国中津藩蔵屋敷之跡』の碑が目立ってます。諭吉は、当時ここにあった**中津藩蔵屋敷**で生まれました。父親が急死したんで、母親と共に中津（大分県）に戻って、儒学を学びます。一八五四（安政元）年、長崎での遊学を終えて江戸へ行く途中に大坂の蔵屋敷へ立ち寄り、翌年、緒方洪庵の『適塾』に入門して、後に塾頭になる――とまぁ、こういうことです。

**福沢諭吉**は、一言でいうと徹底した「能力主義者」ですな。『学問のスゝメ』は「平等論」の原典みたいにいわれまっけど、真っ赤な嘘だ。「勉強せん奴はアホになるど」と説いてるだけでね、いっぺん読んでみなはれ。ちなみに「天は人の上に……」はアメリカ独立宣言のパクリでおまっ！「一万円札の顔」と大阪との繋がり……そんなに、有り難いでっか？

橋を渡れば、堂島川と土佐堀川に挟まれた**中之島**です。市役所や公会堂のある東部（淀屋橋付近）にくらべて、西部はあんまり賑やかやおまへんでした。ところが、『国立国際美術館』『リー

「靭公園」東側全景

ガ・ロイヤル』『市立科学館』『グランキューブ大阪』なんかができて、おまけに京阪「中之島線」が開通して、一躍脚光を浴びるようになりました。この中洲は、江戸時代に各藩の**蔵屋敷**が並んでいたところで、中之島に四一、堂島に一五ヵ所もあったんやそうです。年貢米や特産物を換金するために建てた蔵屋敷、その米蔵と船入の設備を整えるのには、もってこいの便利な場所やったんですな。それこそ「水の都」は「銭の都」ですがな。

## ●魚市場が飛行場に…今は綺麗な「靭公園」

なにわ筋をさらに南へ、南へ……地名が「土佐堀」「江戸堀」「京町堀」と変わっていきます。これまた「水の都」の痕跡ですなぁ。**靭公園**《うつぼ》［西区靭本町2］は、なにわ筋の東西八〇〇メートルに跨がってまして、敷地は一〇ヘクタールもあります。バラ園と噴水がこの公園の象徴でして、西側の『靭テニスセンター』では、

魚市場であったことを示す「碑」

国際試合も開催されまんねんで。周辺には、衣料店やカフェ、レストラン、パン屋や洋菓子店なんかが増えて、「公園」をちゃっかり借景にしてるオープン・カフェも少なくない。がさつな大阪の街にもこんな綺麗な公園があったんやなって、改めて思いますな。

ここは昔、大坂（阪）随一の魚市場『雑《ざ》喉《こ》場《ば》魚市場《うおいちば》』と『靭《うつぼ》塩干《えんか》魚市場《ぎょいちば》』があった処で、江戸時代から昭和初期まで約三二〇年間、塩干魚・鰹節・昆布・乾鰯《ほしか》（脂をしぼったあとのイワシやニシンなどを乾した農業用有機肥料）等の問屋が、何百軒も軒を連ねてましたんや。**雑喉場魚市場**は、大阪湾や近海でとれる魚を一手に扱って大いに繁盛しましたが、一九三一（昭和6）年、大阪市中央卸売市場が「野田」に開場して閉鎖されました。その後はご多分に漏れず、大阪大空襲で廃墟となってしもたんです。

一帯が焼野原となった後、約三万坪が**進駐軍**（米軍）に接収されて、小型軍用機を発着させるための飛行場が建設されましてん。ここだけやおまへんで。大阪都心で焼け残ったビルや学校・大学など、多くが「米軍政施設」として使われました。今の大阪人は、大方が記憶の片隅にすら

米軍も切り倒せなかった「御神木」

留めてまへんやろな。たとえば、「そごう百貨店↓米軍購買部」、「大阪商科大学（現・市立大学）↓第二五師団第二七連隊司令部」、「住友ビル↓軍司令部」、「安田ビル↓キャンプ・オオサカ司令部」等々、枚挙に暇がございません。事務所や宿舎はもちろん、病院、公園、映画館、プール、グラウンドにいたるまで「米軍専用」になったんです。こういうことこそ、子々孫々に語り継がな……。一九五二（昭和27）年、**サンフランシスコ講和条約**の発効でGHQの日本占領が終了して、飛行場は大阪市に返還されました。その後、公園が造成されて今日に至ってる、というわけです。

公園の中央、なにわ筋沿いにある**楠永神社**は、とても古い神社です。かつてここに「海部堀川」が流れてて、商品を荷揚げする**永代浜**があった、という『跡碑』があります。魚市場があったことを今に物語る、数少ない史跡ですわ。大きなクスノキは、飛行場建設の際に切り倒されそうになりましたんやが、けが人やブルドーザーの故障が相次いで、お祓《はら》いすると白蛇が出てきたことから「この木は神木や」、ちゅうことで生き延びたといわれてます。

二〇〇六（平成18）年、**靱公園**で暮らす三八人の野宿者（ホームレス）が強制排除されて大問題になりました。「世界バラ会議」のための会場整備工事、いうんが大義名分でした。強制排除の担当部局は「大阪市ゆとりとみどり振興局」。靱公園の珍しい歴史もさることながら、名前とやることがこないにも乖離《かいり》した役所も珍しい……とは、思いはりませんか？

本当は　教えたくない　このお店

## ケーキ&パブ『ワイン立飲み処』

福島駅を出て、ガード下の横断歩道を渡ると右角に『記念日のケーキ屋さん・アニバーサリー』があります。一坪にも満たない小さな店で「オーダー」を基本にケーキを作ってはります。誕生日・結婚記念日・卒業式……人生の節目に、「オンリー・ワン」のケーキを食するのは、ささやかな贅沢ですよね。

その並びに『Standing Wine Bar（ワイン立飲み処）』があります。別々の店のようですが実は同じ店でして、福島駅前で独特の存在感を発揮して、はや一〇年。

酒の肴というには余りにも本格的な「アルザス風ピザ」「フォアグラのカナッペ」「ミートパイ」「トマトと海老のサラダ」「キッチュ」「蛸のエスカルゴバター焼き」（各五〇〇円）等々。僕のお勧めは「シュクルート」（ソーセージ、ベーコン、野菜の煮込み）。「豚バラのハーブ煮」「羊のロースト」「かものワイン煮」なんかもよろしいで。ランチは、『アニバーサリー』特製ショートケーキと日替わりメニュー＆コーヒーで、一〇〇〇円。ワインの銘柄はイタリア、スペイン産を主軸にどっさりあって、昼の二時ころから呑めます。

店の軒先で路上ライヴはほぼ毎日の夜八時ごろから、ブルース、ジャズ……何でもござれ。駅前の小さな解放区、万歳！

# 旅のおわりに

あぁ、しんど……。すんまへん、「疲れた」いう意味ですけど、大阪環状線の各駅で乗り降りしながら、本書で紹介したスポットを全部廻ったら、やっぱり「しんどい」ですよね。でも、行ってみる価値は、十二分にあります。大阪という町が、どうやって「近代化」してきたか、その過程で何を失い、何が残され、まだ何を失ってないか？　さまざまな「風景と文物と人」が語りかけてくれます。ですから、ぼちぼち訪れてみてください。いやいや、実際に行かなくてもいいのです。拙文を題材に想像を膨らますだけの「旅」もあります。いずれにせよ、歴史と地理と人文が染みこんだ、時空と地場が発するメッセージを受け止めてくだされば、筆者としては望外の喜びです。

★

大阪はいま、大変なことになってます。教育・文化・福祉・交通など「公」の領域をぶち壊して、すべて「競争原理・市場主義・自己責任」でやればいいと主張する首長が、大手を振って歩く。およそ、思いやりや人情があるとは思えない輩が「政治」を掠《かす》め取り、大阪を私物化する――このままだと、大阪は死にます。この町は、確実に「大阪」ではなくなってしまう。その責任は、ヤツ等にだけあるのではないでしょう。「風景と文物と人」を大切にしてこなかった、僕らの罪でもあるのです。だから、僕は「旅」をしたかった。見慣れた風景を、もう一度見てみたかった……。すんまへん、「案内」と称して、あなたという読者を道連れにしたわけです。ごめんなさいね。

★

「三・一一」以降、この世界がどうなっていくのか、本当にわかりません。崩壊し汚染されたのは「風景と文物と人」だけではありませんでした。ありとあらゆる価値観が揺さぶられ、「文明」なるものが根底からひっくり返り、僕らは「文化」の無意味さを嫌というほど突きつけられたのです。「生」を全否定する時代に生きる者は、みな、生き恥をさらしているにすぎない――そう言ってしまいたいほど、不安でなりません。だから、僕は「旅」をしたかった。日常というアスファルトを引っぺがして、その下に隠れているモノを表に出してみたかった……。かんにん、「紹介」と言いながら、あなたという読者を措定して文を書き連ねたわけです。ごめんなさいね。

★

本来的に非人間的である「都市」には、特に、そこに住む子どもたちには、「路地裏」と「はらっぱ」が必要です。「すみっこ」と「自然《じねん》」と言い換えてもいいでしょう。僕は、こんなふうに歌ってます。

**路地裏から**　(詩・曲／趙 博)

路地裏に　陽はささねど　野芥子《のげし》の花は咲いていた
知らぬ間に　塵と芥《あくた》がたまる　饐《す》えた臭いのするところ
叱られて　佇《たたず》んだ　狭間《はざま》の　小宇宙
どぶ板の隙間から　コオロギが　覗いていた
路地裏から　世界が　見えたけど
ひもじさを　満たす　糧《かて》はなかった

路地裏は　けものみち　野良犬・猫　鼬《いたち》も通る
どうしても　人に知られたくない　赤い秘密の　隠し場所
いぢめられ　逃げ込んだ　狭間の　小宇宙
トタン屋根の隙間から　スズメが　覗いていた
路地裏から　世界が　見えたけど
貧しさを　越える　術《すべ》はなかった

路地裏で　聞く声は　数多《あまた》の暮らしに　燻《いぶ》された
自分を　嘆き励ます　独り言　ウラとオモテの懸詞《かけことば》
追われて　隠れた　狭間の　小宇宙

戸板の隙間には　女郎蜘蛛が　揺れていた
路地裏から　世界が　見えたけど
つれなさを　癒《いや》す　時はなかった

再開発や博覧会なるものは、「路地裏（すみっこ）」と「はらっぱ（自然）」を破壊し、空間と時系列をズタズタにして再編成するだけ――それだけです。

★

「歴史は歩かなわからん」ということを、身をもって僕に教えてくれた平井正治さんが、二〇一一年五月に他界されました。釜ヶ崎のドヤに住みながら歴史を見つめ続けた平井さん。その生き様と死に様そのものが「風景と文物と人」でした。本書の内容のほとんどは、平井さんからの教授であることを白状しておきます。

二〇一二年六月二三日　「反安保デー」と言う人もなく……

**趙　博**

## ◆参考文献＆ウェブ・サイト

■大阪・焼け跡闇市を記録する会 編『大阪・焼け跡闇市』（一九七五年、夏の書房）
■寺島珠雄 編『労務者渡世 釜ヶ崎通信』（一九七六年、風媒社）
■荒木 傳『なにわ明治社会運動碑（上・下）』（一九八三年、柘植書房）
■辛基秀・柏井宏之 編『秀吉の侵略と大阪城』（一九八三年、第三書館）
■杉原薫・玉井金五 編『大正／大阪／スラム』（一九八六年、新評論）
■三宅宏司『大阪砲兵工廠の研究』（一九九三年、思文閣出版）
■藤田富美恵『玉造日の出通り三光館』（一九九五年、玉造稲荷神社）
■小山仁示『改訂 大阪大空襲』（一九八九年、東方出版）
■「浪速の部落史」編纂委員会『渡辺・西浜・浪速』（一九九七年、解放出版社）
■平井正治『無縁声声』（一九九七年、藤原書店）
■杉原 達『越境する民』（一九九八年、新幹社）
■平和のための大阪の戦争展実行委員会・日本機関紙協会大阪府本部『大阪戦争遺跡歴史ガイドマップ』（二〇〇一年、日本機関紙出版センター）
■森まゆみ『森まゆみの大阪不案内』（二〇〇三年、筑摩書房）
■藤田綾子『大阪「鶴橋」物語』（二〇〇五年、現代書館）
■沖浦和光『「悪所」の民族誌』（二〇〇六年、文春新書）
■大月敏雄『集合住宅の時間』（二〇〇六年、王国社）
■林 豊『大阪を歩く』（二〇〇七年、東方出版）
■読売新聞大阪本社社会部『大阪環状線めぐり』（二〇〇三年、東方出版）

■大阪市内で戦争と平和を考える
http://www.geocities.jp/jouhoku21/heiwa/
■十三《じゅうそう》のいま昔を歩こう
http://atamatote.blog119.fc2.com/
■猫間川源流探検記
http://www.occn.zaq.ne.jp/ringo-do/nekomagawa.htm

**趙　博**（ちょう・ばく）

「浪花の歌う巨人・パギやん」の異名をとるシンガーソングライター＆歌劇派芸人。「FM わぃわぃ」（兵庫県神戸市長田区）「FM さがみ」（神奈川県相模原市）「南相馬ひばりエフエム」（福島県南相馬市）でＤＪを務める。

1956 年大阪市西成区生まれ。大学でロシア語を、大学院で教育学を専攻。1983 年文学修士号取得。コンサートはもちろん、語り芸「歌うキネマ＆声体文藝館」シリーズも全国で公演中。代表作は『ホタル』『砂の器』『青春の門・筑豊編』『泥の河』『パッチギ！』『キクとイサム』『マルコムＸ』『風の丘を超えて／西便制』など。音楽劇『百年､風の仲間たち』（演出：金守珍)、二人芝居『ばらっく』（共演：土屋時子）の脚本も手がけている。

ＣＤ『百年目のヤクソク』『うたの轍』、ＤＶＤ『コンサート・百年を歌う』､著書『僕は在日関西人』（解放出版社）『夢・葬送』（みずのわ出版）など多数。

公式サイト「黄土（ファント）通信」http://fanto.org

**装丁＝商業デザインセンター・増田絵里**
**イラスト＝タナカ サダユキ**（カバー）／**松本れい子**（文中）
**図版デザイン＝光城鈴代**

パギやんの大阪案内
**ぐるっと一周【環状線】の旅**

●二〇一二年 九 月 一 日――――第一刷発行

著　者／**趙　博**

発行所／株式会社 **高文研**
東京都千代田区猿楽町二―一―八
三恵ビル（〒一〇一―〇〇六四）
電話０３＝３２９５＝３４１５
http://www.koubunken.co.jp

印刷・製本／三省堂印刷株式会社

★万一、乱丁・落丁があったときは、送料当方負担でお取りかえいたします。

ISBN978-4-87498-488-8　C0026

## ◇〈観光コースでない〉シリーズ◇

**観光コースでない ソウル**
佐藤大介著　1、600円
ソウルの街に秘められた、日韓の歴史の痕跡を紹介。ソウルの歴史散策に必読！

**観光コースでない 韓国** 新装版
小林慶二著／写真・福井理文　1、500円
有数の韓国通ジャーナリストが、日韓ゆかりの遺跡を歩き、歴史の真実を伝える。

**観光コースでない「満州」**
小林慶二著／写真・福井理文　1、800円
日本の中国東北〝侵略〟の現場を歩き、克服さるべき歴史を考えたルポ。

**観光コースでない 台湾**
片倉佳史著　1、800円
ルポライターが、撮り下ろし126点の写真とともに伝える台湾の歴史と文化！

**観光コースでない 香港**
津田邦宏著　1、600円
アヘン戦争以後の一五五年にわたる歴史をたどり、中国返還後の今後を考える！

新版 **観光コースでない ベトナム**
伊藤千尋著　1、600円
あれから40年、戦争の傷跡が今も残る中、新たな国づくりに励むベトナムの「今」！

**観光コースでない グアム・サイパン**
大野 俊著　1、700円
先住民族チャモロの歴史から、戦争の傷跡、米軍基地の現状等を伝える。

**観光コースでない ハワイ**
高橋真樹著　1、700円
観光地ハワイの知られざる〝楽園〟の現実と、先住ハワイアンの素顔を伝える。

**観光コースでない シカゴ・イリノイ**
デイ多佳子著　1、700円
アメリカ中西部を、在米22年の著者が歴史と現在、明日への光と影を伝える。

**観光コースでない アフリカ大陸西海岸**
桃井和馬著　1、800円
自然破壊、殺戮と人間社会の混乱が凝縮したアフリカを、歴史と文化も交えて案内する。

**観光コースでない 沖縄** 第四版
新崎盛暉・謝花直美・松元剛他　1、900円
「見てほしい沖縄」「知ってほしい沖縄」沖縄の歴史と現在を伝える本！

**観光コースでない 広島**
澤野重男・太田武男他著　1、700円
広島に刻まれた時代の痕跡は今も残る。その現場を歩き、歴史と現状を考える。

**観光コースでない 東京** 新版
轡田隆史著／写真・福井理文　1、400円
今も都心に残る江戸や明治の面影を探し、戦争の神々を訪ね、文化の散歩道を歩く。

**観光コースでない ウィーン**
松岡由季著　1、600円
ワルツの都のもうひとつの顔。ユダヤ人迫害の跡などを訪ね二〇世紀の悲劇を考える。

**観光コースでない ベルリン**
熊谷 徹著　1、800円
ベルリンの壁崩壊から20年。日々変化する街を在独のジャーナリストがレポート。

◉表示価格は本体価格です（別途、消費税が加算されます）。